U0905105

珍藏本
纪念版

汉译世界学术名著丛书

动态经济学

〔英〕罗伊·哈罗德 著

黄范章 译

2017年·北京

Roy Harrod
ECONOMIC DYNAMICS
Macmillan Press Ltd, 1973

汉译世界学术名著丛书
（120 年纪念版·珍藏本）
出 版 说 明

2017 年 2 月 11 日，商务印书馆迎来 120 岁的生日。120 年前，商务印书馆前贤怀揣文化救国的理想，抱持“昌明教育，开启民智”的使命，立足本土，放眼寰宇，以出版为津梁，沟通中西，为中国、为世界提供最富智慧的思想文化成果。无论世事白云苍狗，潮流左右激荡，甚至战火硝烟弥漫，始终践行学术报国之志，无改初心。

迻译世界各国学术名著，即其一端。早在 20 世纪初年便出版《原富》《天演论》等影响至今的代表性著作，1950 年代后更致力于外国哲学和社会科学经典的译介，及至 1980 年代，辑为“汉译世界学术名著丛书”，汇涓为流，蔚为大观。丛书自 1981 年开始出版，历时三十余年，迄今已推出七百种，是我国现代出版史上规模最大、最为重要的学术翻译工程。

丛书所选之书，立场观点不囿于一派，学科领域不限于一门，皆为文明开启以来，各时代、各国家、各民族的思想与文化精粹，代表着人类已经到达过的精神境界。丛书系统译介世界学术经典，引领时代思想，为本土原创学术的发展提供丰富的文化滋养，为推动中国现代学术和现代化进程做出了突出的贡献。

为纪念商务印书馆成立120周年，我们整体推出"汉译世界学术名著丛书"120年纪念版的珍藏本，寄望既利于文化积累，又便于研读查考，同时向长期支持丛书出版的译者、编者和读者致以敬意。

两甲子后的今天，商务印书馆又站在了一个新的历史时间节点上。我们不仅要铭记先辈的身影和足迹，更须让我们的步伐充满新的时代精神。这是商务人代代相传的事业，更是与国家和民族的命运始终紧密相连的事业。我们责无旁贷，必须做好我们这代人的传承与创造，让我们的努力和成果不仅凝聚成民族文化的记忆，还能成为后来人可以接续的事业。唯此，才能不负前贤，无愧来者。

商务印书馆编辑部

2017年10月

评哈罗德的《动态经济学》

黄　范　章

（一）

罗伊·哈罗德是当代英国著名经济学家，以创立所谓经济增长理论和模型而闻名于西方经济学界。1973 年出版的《动态经济学》一书，乃是他在 70 年代系统阐述其理论观点的一部新著。

哈罗德虽然早自 30 年代起就追随凯恩斯，却认为凯恩斯的“储蓄—投资分析”只是一种短期的、静态的（或者说是比较静态的）分析，主张把它加以“长期化”、“动态化”；企图建立一个以研究经济增长理论和模型为基本内容的所谓“动态经济学”。第二次世界大战结束不久，他便出版了《动态经济学导论》（1948 年）一书，对他的经济增长理论和模型做了较系统的阐述，论述了资本主义经济长期均衡发展的条件。1973 年他出版的《动态经济学》，则对他在 20 多年前阐述的基本理论和政策主张做了进一步的阐述和补充，并极力宣扬他的“动态理论”是对凯恩斯学说的重大“发展”。他说，凯恩斯虽是一位“宏观经济理论的大师”，却局限于“静态经济学的领域”而“在宏观动态理论方面留下了空白”。言下之意，正是他的动态经济理论“填补”了这块“空白”。那么,究竟哈罗德给凯恩斯的“理论”做了哪些重要的“补充”呢?

哈罗德的理论,完全建立在凯恩斯的“有效需求”理论的基础上,但在理论和方法上都对凯恩斯的理论做了一些较为重大的“修补”。这主要表现在:(一)在方法上,他把时间因素引进到凯恩斯关于储蓄—投资的分析中来,用按比率(增长率)分析的方法来代替凯恩斯的按水平分析的方法,以论述动态均衡的条件。(二)在理论上,他认为凯恩斯理论的缺陷之一,乃是它只反映了投资对增加产量(收入)的刺激作用(“乘数论”),却忽视了产量(收入)的增长将“引致”投资更迅猛地增长。他从所谓“加速原理”出发,着重强调:投资的变动主要取决于产量(收入)变化率的“引致”作用,而不取决于产量(收入)变化的绝对水平。(三)他认为凯恩斯理论的另一个缺陷,就是它只看到投资行为有扩大产品需求、缓和销售困难的作用,却忽视了投资行为还有另一方面的作用:扩大生产从而扩大产品的供给和加剧销售困难(即美国经济学家多马所说的“投资的二重性”)。照他说,只有按照他的经济增长模型行事,才能使经济持续、稳步地增长。

哈罗德的增长模型,则是一个由产量(收入)增长率(G)、储蓄率(s)、资本—产出率(C)三个经济变量所组成的基本方程式($G=\frac{s}{C}$)。他通过这个经济增长模型表述了这么一个基本思想或基本结论:实现经济均衡增长的基本条件,乃是把产量(收入)的增长率提高到使它所“引致”的投资恰好能吸收本期的全部储蓄的程度,归根到底,也就是凯恩斯的投资等于储蓄的观点。据此,哈罗德还进而提出三种增长率：(1)实际进行的增长率，称为“实际增长率”(G)，它是由实际发生的储蓄率(s)和资本—产出率(C)来决定的。(2)所谓“有保证的增长率”(G_w)，据说这是这么一种增长率，即它所造就的经济活动水平能使资本家感到满意。具体说，它是在实际储蓄率(s)等于人们合意的储蓄率(s_d)，实际资本—产出率(C)等于人们所需要的资本—产出率(C_r)的情形下出现的那个增长率。其方程式是 $G_w=\frac{s_d}{C_r}$ 。(3)所谓“自然增长率”(G_n)，据说这是在劳动人口增长和技术改进的条件下所能达到的最大增长率，是一种“社会最适宜的增长率”。其方程式是 $G_n=\frac{s_o}{C_r}$，其中 s_o 代表在一定制度安排下最适宜的储蓄率。据此，哈罗德一方面把 $G=G_w=G_n$ 说成是最理想的均衡增长线，认为这既能实现“充分就业”和充分发挥生产能力，又能避免通货膨胀；另一方面他又把这三种增长率之背离($G\neq G_w\neq G_n$)，说成是破坏均衡增长条件、造成“短期”或“长期”经济波动的基本原因。照他说，资本主义制度正是由于难以自动达到 $G=G_w=G_n$ 的理想境地，因而周期性的经济波动或危机无法避免。

哈罗德的上述理论和模型，既是他的经济增长理论和模型，同时也是他关于资本主义再生产的理论和模型。他既以此来“解释”资本主义经济危机的原因，也据此提出“医治”资本主义制度这一痼疾的“药方”。但须强调指出的是，这些理论和模型，都有其根本性的错误或缺陷。

第一，资本主义经济的增长速度，本来取决于资本主义生产总过程中的一系列经济的和技术的因素，就是说，既取决于这些因素(或变量)之间的数量关系，也取决于它们所固有的社会经济性质。哈罗德的理论和模型的根本缺陷之一，不仅在于它只是着重于分析资本主义再生产过程中少数几个经济变量之间的数量关系，而且还在于他完全撇开了决定这一过程的本质的社会经济关系。尽管资本主义经济过程中各经济变量之间的确存在着一定的数量关系，尽管哈罗德关于投资与产量(收入)之间的“乘数”、“加速数”作用的数量分析，在一定程度上反映了与机器大生产相联系的某些技术特点，然而，决定资本主义再生产过程的本质的，首先是支配这一过程的资本主义生产关系。哈罗德的理论和模型，却撇开了对生产关系的分析，把资本主义经济增长的决定因素以及经济之波动，仅只归之于少数几个经济变量在数量上是否协调；结果，在他的模型中只存在几个变量的冲突，却看不见资本主义再生产过程中所固有的阶级矛盾和经济冲突。甚至有些西方经济学家也承认，哈罗德的理论和模型所描绘的资本主义再生产过程“是不真实的”。例如，英国著名经济学家罗宾逊夫人早就尖锐地指出，哈罗德模型所描绘的“是一个没有历史的世界，……也是一个没有政治的世界。在这个社会中没有利益的冲突……”①。

第二，哈罗德的增长理论和模型的另一大缺陷，乃是它确立在凯恩斯所鼓吹的一些基本心理因素(如“资本边际效率”等)的作用上。且以哈罗德的“有保证的增长率”为例。按照他的说法，在资本主义经济中若要长期保持充分就业，就必须使实际增长率(G)

① 罗宾逊：“哈罗德的动态经济理论”，刊《经济学杂志》1949年3月号，第69页

提高到劳动人口的增长和技术进步所要求的“自然增长率”(G_n)的水平,即($G=G_n$);而要做到这一点,就必须取决于资本家肯进行投资,于是关键就是要使这种“自然增长率”能够成为资本家所满意的增长率(即“有保证的增长率”G_w);也就是说,把资本家对投资需求的“预期”和对利润率的“预期”,保持在足够的水平上,实现 $G=G_w$ 和 $G_w=G_n$。可见,哈罗德的这个“有保证的增长率”,实际上是建立在资本家的“预期”这个主观心理因素的基础上;而他在自己的体系中把“有保证的增长率”置于突出的地位,无非是想把资本家的乐观或悲观情绪渲染为支配经济发展过程的决定性因素。可见,哈罗德的数量分析的“王国”,实际上是建立在唯心主义基础上的。

第三,还必须指出,哈罗德虽然承认资本主义经济波动和危机不可避免,承认资本主义经济不可能依靠自身力量来实现 $G=G_w=G_n$ 的动态均衡,但是,他和凯恩斯一样,其所以承认资本主义经济波动和危机的必然性,只是为了否定自由主义的传统理论和传统政策,宣扬“国家调节”并为之提供理论和方法的工具,其目的是为了推行国家垄断资本主义措施以维护资本主义制度,对抗社会主义。他在《动态经济学》一书中宣称只要依据他的增长理论和模型行事,运用“国家调节”这一武器,“我们便无须成为一名社会主义者”,就可以使资本主义经济得以长期、稳定地发展下去。

从他 1948 年出版《动态经济学导论》以后的 20 多年来,尽管他的理论和模型在西方经济学家中间为一些人所推崇,但它本身毕竟缺陷累累,因而也招致越来越多的批评,以致哈罗德不得不对它进行一些“修补”。在 1973 年出版的《动态经济学》一书中,他从理论和政策主张两个方面进行了“修补”。

(二)

长期以来，哈罗德的理论和模型在西方经济学界引起最多批评和争论的，主要是两个问题：一、均衡增长线的存在问题；二、所谓“不稳定原理”问题。

如前所述，按照哈罗德的说法，三种增长率相等（$G=G_w=G_n$），标志着一种既能实现资本家的“预期”利润，又能实现“充分就业”的理想境地，也代表着一条均衡增长线。但西方经济学界不少人对于哈罗德的这条均衡增长线是否存在，提出了质疑和争议。他们认为，按照哈罗德的说法，这三种增长率是各由不同的因素决定的，因而实现这条均衡增长线极其困难，除非是一种“侥幸的偶合”[①]。特别是由于充分就业须靠资本家的投资支出来实现，因而这条所谓均衡增长线能否实现，在相当大的程度上取决于“有保证的增长率”是否与“自然增长率”相等。而按照哈罗德的公式 $G_w=\frac{s_d}{C_r}$，其中 s_d 和 C_r 都是既定的，因而 G_w 只有唯一的一个值与$\frac{s_d}{C_r}$相等。这种情况更使得 G、G_w、G_n 三者的相等难以实现。不仅如此，不少西方经济学家还批评说，哈罗德的“有保证的增长率”（G_w）使经济增长率仅与 s、C 等变量相联系，从而抹杀了其他许多影响经济增长的因素。特别是像罗宾逊夫人、克列格尔等凯恩斯

① 琼斯：《现代经济增长理论导论》，1975 年版，第 49 页。

主义者，也尖锐地批评他把经济增长途径看得像“刃锋”(Knife-edge)那么狭窄。他们批评哈罗德的体系中“有一个重大漏洞”，那就是由于缺乏分配理论而“从未考虑过利润率”。[①] 因为照他们说，利润率对 s 和 C 都有影响，因而与不同的利润率相对应的可能的增长率必定“有一系列，而绝不只有一个”[②]。“把可以维持住的增长率的数目仅只限于独一无二的‘刃锋’率，是没有道理的。”[③]“‘刃锋’问题，就是有保证的增长率只有一个值能与 s 和 C 相匹配的问题。”[④]而这个问题，自然直接关系着所谓均衡增长线($G=G_w=G_n$)的存在问题。

哈罗德的《动态经济学》一书，在这个问题上较过去有所“修订”或“补充”。第一，他承认，有保证的增长率(G_w)不止一个，而是多个。他把它们区分为两种，其中一个就是旧定义中的那个与均衡增长相联系的“有保证的增长率”，他称之为“正常的有保证的增长率”；而其余的则称之为“特殊的有保证的增长率”，用 G_{ws} 表示之。他还强调“特殊的有保证的增长率”跟“正常的有保证的增长率”不同，即前者并不代表一种均衡位置。例如，“在衰退的下限上，特殊的有保证的增长率将和实际增长率等值”，但“这根本不是一种均衡位置，甚至连不稳定的均衡位置也不是”。第二，他进一步考虑了利润率对有保证的增长率的影响。本来，哈罗德的“有保证的增长率”是建立在资本家对利润率的“预期”上的。在《动态经

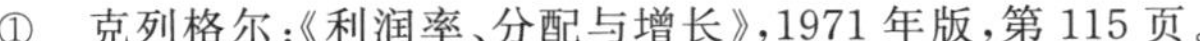

① 克列格尔：《利润率、分配与增长》，1971 年版，第 115 页。

② 罗宾逊：“21 年后的哈罗德”，刊《经济学杂志》1970 年 9 月号，第 732 页。

③ 克列格尔：《利润率、分配与增长》，1971 年版，第 117 页。

④ 罗宾逊：《经济学异端》，1971 年版，第 111 页。

济学》一书中则进一步承认了利润率的变化对于资本家的“预期”，从而对于“有保证的增长率”的影响，明确提出“在景气或不景气的影响下有保证的增长率本身发生变化”，提出在不同的实际增长率下各有相应的“特殊的有保证的增长率”。总之，从哈罗德的上述修订和补充，多少可以看出哈罗德对于以罗宾逊为代表的新剑桥学派的意见已有所考虑。

第二，哈罗德的《动态经济学》一书，还就“不稳定原理”做了进一步的阐述。

所谓关于“有保证的增长率”的“不稳定原理”，一向是哈罗德借以鼓吹“国家调节”的思想工具之一，用它来宣传资本主义经济不可能自动达到和保持均衡。根据西方经济学家的说法，“有保证的增长率”(G_w)的不稳定性问题，跟前面所述“有保证的增长率”的唯一值问题，既有联系，又有区别。据说，所谓 G_w 的唯一值问题所牵涉的，是增长线($G=G_w=G_n$)的存在的问题；而 G_w 的不稳定性问题所牵涉的，则是 G_w 经常偏离开均衡位置的问题，以及这种“不稳定性”的表现形式问题。

西方许多经济学家更经常用“刃锋”一词，来形容哈罗德的“有保证的增长率”的“不稳定性”，说他所描绘的资本主义经济制度充其量不过是“在均衡增长的‘刃锋’上才达到平衡”[①]。然而，哈罗德反对用“刃锋”一词来形容 G_w 的“不稳定性”，认为那是歪曲了他的不稳定原理。照他的说法，不仅动态均衡不是“刃锋”所形容

① 索洛：“经济增长理论”，刊《经济学季刊》1956 年第 70 卷，转载森编：《增长经济学》，1970 年版，第 161—162 页。

的那种“时间过于短暂的东西”，而且“有保证的增长率”的“不稳定性”表现为“累积”的形式：一旦“有保证的增长率”(G_w)与“实际增长率”(G)发生了偏离，则这种偏离不仅不能自行纠正，而且会越来越大，也绝不像“刃锋”一词所形容的只是容易从均衡位置上脱落而已。他认为，如果用陡坡上的球来比喻“有保证的增长率”(G_w)的“不稳定性”，倒很恰当，“要推动这球，也许得狠踢一脚，但一旦滚动了，它会比平地上用同样的力来踢它要滚得更远”，而且绝不会自行滚回原处。哈罗德特别强调这种“不稳定性”的表现形式具有“累积”的特点。

至于为什么这种“不稳定性”的表现形式会具有累积的特点呢？按照哈罗德以及其他人的“解释”，是由于一旦“有保证的增长率”(G_w)与“实际增长率”(G)发生了偏离，市场却给投资者以一种和实际情况“相反的信号”①，使投资者在主观上(对投资需求的预期)产生了“错觉”，从而导致错误的行动，使这种偏离朝同一方向进一步扩大。例如，当 $G>G_w$ 时，本来意味着实际投资过度；可是，市场给予的“信号”却相反，使得投资者主观上反倒感到生产资本缺乏($C<C_r$)而乐于进一步扩大投资，使 G 进一步大于 G_w，以致酿成通货膨胀。反之，当 $G<G_w$ 时，本来意味着投资不足，需要资本家扩大投资，据说也由于市场的“相反的信号”，使投资者反倒主观上感觉投资似乎“过多”而“预期”投资需求会下降($C>G_r$)，竟削减投资，使得 G 进一步小于 G_w，以致酿成萧条。这么一来，他们便把资本主义生产无政府状态下的盲目性，把资本主义经济

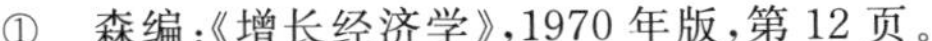

① 森编：《增长经济学》，1970年版，第12页。

波动和危机的必然性，归咎于所谓“不稳定性”及其所表现出来的这种“累积”形式，并最后归咎于主观心理因素（投资者的“预期”错误）作祟。

总之，哈罗德的增长理论和模型是有严重错误和缺陷的。但应指出的是，其主要错误，还不在于某些西方经济学家所指责的那些枝节方面，即不在于“有保证的增长率”（G_w）是否只有唯一值方面，也不在于所谓“不稳定性”的表现形式方面，而在于他把全部理论和模型建立在凯恩斯的有效需求理论的错误基础上，用对主观心理因素的渲染和对单纯数量关系的分析，取代了对社会经济形态的本质的分析，从而窒息了揭示出资本主义再生产过程的各种矛盾运动的规律性及其根源的可能性。因此，尽管哈罗德在《动态经济学》一书中就某些枝节问题做了“补充”，却都无助于补救其理论和模型的这一根本性错误和缺陷。

或许有人会问，是不是哈罗德的经济模型毫无可取之处呢？我认为，如果仅就其基本方程式及其所表述的数量关系而言（即把再生产过程的社会经济形态暂置勿论），它对于我们研究社会化大生产条件下再生产过程的某些问题，甚至对于我们研究已不存在对抗性矛盾的社会主义再生产过程的某些问题，还是有一定的参考意义的。例如，一、可用于对社会主义国民收入的增长速度进行初步估算或计划。如果把哈罗德的基本方程式 $G=\frac{s}{C}$ 从“有效需求”理论的羁绊中解脱出来，则 s 实际是代表生产基金积累率（即投资 I 占国民收入 Y 中的比例），而 C 代表资金系数（即增加收入或产量 ΔY 所需配备的投资额 I）。这样，我们便可以利用生产基金积累率和投资系数之比，来初步估算或计划国民收入增长速率，即$\frac{s}{C}=\frac{I}{Y}/\frac{I}{\Delta Y}=I/Y\times\frac{\Delta Y}{I}=\frac{\Delta Y}{Y}=G$（增长速率）。二、这个基本方程式还有助于我们分析经济增长的某些条件或途径。其一，从方程式可以看出，增长率（G）是与生产基金积累率（I/Y）成正比例的，就是说，生产基金积累率愈高，增长率便愈快。这一点是显而易见的。但我们还可进一步考虑一下，生产基金的积累，无疑是来自国民收入中未被人们消费的部分，即可说是来自人们的"储蓄"部分。但人们的这个"储蓄"中除一部分转化为非生产性积累外，其余部分是否能转化为生产基金的"积累"，则在相当程度上取决于产品的品种、规格是否对路，取决于部门之间或部门内部的结构和比例是否合适；否则，这个"储蓄"部分只会成为仓库中的积压而不会成为生产中的"积累"，势必有损于增长速度的提高。其二，从方程式还可以看出，增长率（G）与投资系数$\left(C\text{ 或 }\frac{I}{\Delta Y}\right)$成反比例，而投资系数$\left(\frac{I}{\Delta Y}\right)$的倒数$\left(\frac{\Delta Y}{I}\right)$却代表投资效果（即每单位投资所增加的收入或产量），故增长率（G）与投资效果$\left(\frac{\Delta Y}{I}\right)$成正比例。这意味着：投资效果愈大愈快，经济增长速度便愈大；反之，若由于基本建设战线过长或其他原因，致使单位收入或产量占用投资基金增大，则不仅无益反而有损于经济发展的速度。

（三）

哈罗德的《动态经济学》一书，除了对他过去提出的经济增长理论和模型进行修订和补充之外，还针对战后日趋严重的通货膨胀等问题，替凯恩斯主义的经济政策进行修补，特别是为凯恩斯主义的“扩张主义”的国内经济战略进行辩护。

以凯恩斯的“有效需求”理论为基础的哈罗德的经济增长理论和模型，主张借“国家调节”来实行“需求管理”，用“膨胀性”经济政策来弥补“有效需求”之“不足”。特别是，按照哈罗德的所谓“长期的”、“动态的”分析，这种“需求管理”还必须实现技术进步和劳动人口增长条件下的“充分就业”均衡，这就使哈罗德的体系在国内基本经济战略上，更具有一种“扩张主义”的内在倾向。但是，这种以所谓“实现充分就业”为基本政策目标、用“膨胀性”的财政政策和货币政策（即用“通货膨胀”）作为“反危机”的主要武器的凯恩斯主义政策在战后引起人们越来越多的怀疑和不满。特别是在60年代末和70年代初，由于出现了经济危机和恶性通货膨胀并发的严重局面，越来越多的人指责凯恩斯主义的经济政策是造成这种局面的“罪魁”，提出“头号人物”已不是“失业”而是“通货膨胀”，强烈主张摒弃这一“扩张主义”的国内经济战略。这种形势，迫使哈罗德挺身而出，在《动态经济学》一书中大声疾呼“失业”是一种比通货膨胀“更大的祸害”，坚持要以“避免”失业作为基本政策目标，并且主要采取以下两种手法来公开为“扩张主义”经济战略辩护。

一是宣扬“扩张主义”国内经济战略“无辜”。哈罗德和其他许多凯恩斯主义者一样，不仅把通货膨胀区分为所谓“需求拉动型”与“成本（工资）推进型”两种类型，而且把战后通货膨胀主要归结为“成本（工资）推进型”；宣扬只有“需求拉动型”通货膨胀应由造成“过度需求”的“扩张主义”经济战略负责，而“成本（工资）推进

型”通货膨胀则是由于“供给”方面的原因造成的，特别是由于工会的“垄断”、劳动市场的“不完全性”、“工资刚性”等因素引起的工资成本上升而造成的，它与“扩张主义”的经济战略无关。因此，医治的办法，“就是众所周知的收入政策”，即“由官方对工资和物价的进程进行干预”。

二是宣扬“扩张主义”的经济战略不仅“无辜”，而且还是“克服”通货膨胀的重要手段。他提出所谓“哈罗德的二分法”，即把国民经济分成两大类：所谓“报酬递减”部门（如粮食和原料的生产）和所谓“报酬递增”部门（如加工制造业和服务业等）。他提出，如果货物和劳动的生产总的说来是受报酬递增规律所制约的话，则任何紧缩需求的财政政策和货币政策，势必迫使企业主由于缩减产量而增加成本，从而导致价格上涨；反之，倒是“扩张性的货币政策和财政政策却会使得他们能够降低价格”。

上述论调显然是错误的。首先，战后通货膨胀和经济危机一样，都是战后资本主义基本矛盾发展的产物。凯恩斯主义者侈谈什么“需求拉动型”或“成本推进型”的通货膨胀，其目的一方面是以此掩盖战后通货膨胀的根源和实质，另一方面是为各主要资本主义国家的政府推行“扩张主义”的国内经济战略辩护。第二，把通货膨胀所必然带来的物价上涨归咎于什么“工资成本”增长，则更加错误。据有的美国经济学家说，在五六十年代的三个经济扩张时期，美国的工资总额分别提高 17.6％、18.1％和 18.0％，而各时期的利润总额却分别增长 17.4％、49.1％和 21.6％，结果导致利润在国民收入分配中的份额增长了。[①] 一些美、英经济学家在

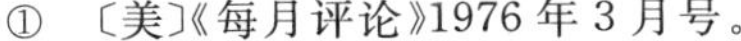

① 〔美〕《每月评论》1976 年 3 月号。

事实面前也承认，物价之上涨，与其说是“工资推力”造成的，不如说是“利润推力”造成的，也就是说，是垄断组织实施“操纵价格”的结果。最后，至于说哈罗德利用他的“二分法”，宣扬推行“扩张主义”可以促使受“报酬递增规律”所制约的生产部门扩大产量，降低成本从而降低价格，也完全是一种自欺欺人之谈。其一，战后通货膨胀不同于一般的通货膨胀，它总伴随着不同程度的失业，特别是自60年代末以来，更是一种特殊的通货膨胀，即所谓“停滞膨胀”，一种在生产过剩、开工不足、严重失业条件下发生的通货膨胀。在此情况下，扩大物质生产不仅不能缓和通货膨胀，反而会进一步加剧生产过剩，使销售危机更趋尖锐。其二，资本主义的基本矛盾决定了生产与消费之间的矛盾的对抗性，任何资本主义“国家调节”，都绝不可能解决这个对抗性矛盾，充其量只能缓和或推迟危机。然而战后的历史表明，这种“扩张主义”经济战略从来都意味着财政赤字的扩大、公债的激增和信用的膨胀等——一句话，意味着通货膨胀。鼓吹用这种“扩张主义”战略来“消除”通货膨胀，岂不更是火上浇油吗？

哈罗德的增长理论和模型，本来是确立在封闭经济的假设上面的。但由于六七十年代国际经济风云之变幻，使得哈罗德在书中也依据自己的理论和模型，进而就对外经济关系问题（如外贸、对外投资、国际收支等）阐述了自己的看法和政策主张。值得指出的是，他强调一切对外经济政策都必须服从于“扩张主义”的国内经济战略，指出“不应为了诸如通货膨胀或纠正对外收支状况的目的，而使经济增长率降到它在其他条件下本来可以达到的水平以下”。例如，他认为为保持国内经济活动水平和就业水平应对进出口贸易实施“国家干预”，反对自由贸易，认为依靠固定汇率制或非固定汇率制的办法来恢复对外收支平衡，都“将以蒙受失业这一大祸害为代价”。他强调说，就政策目标讲，“避免失业，肯定居有至高无上的地位。与此相比较，那种由于对国际贸易实行一些限制而产生的损失，可能是微不足道的”。哈罗德仍坚持以所谓“避免失业”作为“至高无上”的政策“目标”，维护扩张性的国内经济战略，要求对内对外经济政策都从属于这一政策“目标”和经济战略。这一情况，反映出西方垄断资本统治集团既担心通货膨胀会进一步激起人们的不满，更害怕为缓和通货膨胀而采取紧缩需求的政策，会导致空前严重的经济危机和失业，从而直接威胁到资本主义的统治。西方许多经济学家都承认资本主义今后已无法摆脱经济危机（失业）和通货膨胀夹击的困境，为凯恩斯主义的“危机”和“破产”担忧，祈求地平线上再“出现一个现代的凯恩斯”。其实，凯恩斯主义的危机，正是现代资本主义制度的深重危机在理论上的反映。这种种危机，归根到底，都深深植根于资本主义制度所固有的基本矛盾之中。

（本文原载《世界经济》1980年第6期，转载时略有删节。）

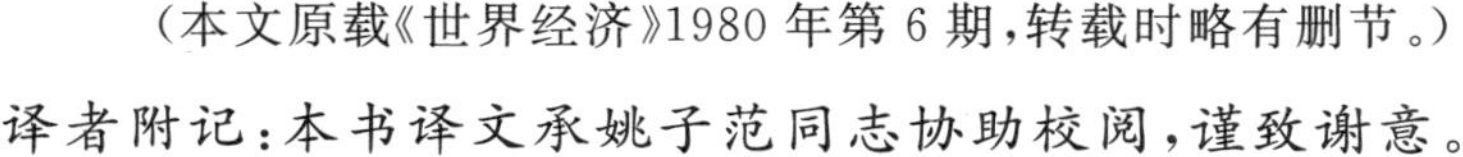

译者附记：本书译文承姚子范同志协助校阅，谨致谢意。

目　录

序　　言

最近这次世界大战结束后，我几乎立即就接到了邀我去伦敦大学作五次讲演的请帖。这些讲演是在1947年2月间作的，1948年1月以“动态经济学导论”为题出版。从那时以来，我已经就这个题目发表了许多文章，这些文章表明了我的思想的进一步发展。

不久前我还在想当该书出第二版时，应该对原版作某些修订和增补。

但当我坐下来进行这项工作，我发现那样做没有用。需要的是把该书完全改写。我从旧版中保留下来的只有几页。

我想我可以把“导论”两字中所蕴涵的谦虚之意摒弃了。不过我仍希望读者明白，我们还只是刚踏上这个主题的门槛。应该把本书看作是一个最初的开端。

重要的是，应该承认在过去一百年期间，经济思想家们都是在完成静态经济学并使之臻于完善；这包括有提供了新的基本思想的伟大的凯恩斯本人在内。谁要想找到对动态经济学原理的阐述，那就必须要回溯到亚当·斯密和李嘉图及其追随者那里去。这是所有的现代经济学中的一大缺口。

我应该向罗宾·马修斯教授致以谢忱,感谢他费心阅读了我的原稿并提出了许多意见。

R. F. 哈罗德

1972年9月

第一章　需要有一个动态经济学

从机械学那里把静态和动态的二分法挪用过来，看来是合适的。“静态”一词，业已习以为常地被用来指经济学的一个部分，而“动态”一词的情形则差些。它经常被人们按照一种与机械学中二分法并不相符的方式加以使用。

经济学的这两部分，都应该有它们的基本公理，而这些公理都应该作为经验研究的基础。静态经济学的基本公理已确立很久了，我们可以认为它们就是最广义的“供求规律”。但是，时至今日，动态经济学却一直严重缺乏基本公理。这仍然是一个障碍。

人们会料想到，为在公理基础上建立起一座大厦所需要进行的那种经验的研究，就静态经济学来说应是实地调查，而就动态经济学来说则应是经济计量研究。但这只不过是一种大体的近似分法，切莫走得太远。无疑，这两个部分，都既有实地调查又有计量经济研究的领域，而且还将给这二者的结合应用，提供用武之地。

近些年来，“发展经济学”这个用语已非常流行起来。我认为，这个用语，其含义要比动态经济学更为广泛。发展经济学可以适用于社会学原理起着重要作用的研究领域。其实，这些原理应该起着重要的作用，这一点倒是必不可少的。目前，有一个思想流派——我对它极为同情——强烈认为高等院校的经济学家们太过于强调物质财富的成倍增长。这一趋势,可能由于计算 GNP(国民生产总值)增长的统计方法的发展,由于使用那些列有国别的国际比较图表而更加增强起来。重要的是,在这个领域内,应该有这样的一批经济学家来发挥作用,他们不仅懂得狭义的经济学基本公理,而且也完全有资格来处理更为广泛的社会学问题。在研究经济增长中,人们应该从较为广阔的人类幸福的范围来思考问题,而不应该局限于对货物与劳务数量的统计计量。没有包括在 GNP 之内的福利要素,按照通常的说法,可能仍属于广义的经济学的范围,因为还需要从可得到的生产资源总额中拨出一部分来给它们。不过,资源虽已经做了投入,但其产出也许并不可能成为交换的对象或者成为可以任意分配给不同的人的对象,例如城市的布局或乡村的维护。但是,设若如此,便存在着某种危险性,即这些更为广泛的利益可能把人们的注意力转移开去,而忽略了这个事实,即狭义的动态经济学迫切需要有它的一套基本公理,而这些它一直相当缺乏。

另外有一种非常流行的二分法,但它可能反倒有助于把人们的思想搅乱。在许多大学里,都设有一门贴上宏观经济学标签的课程。它与微观经济学形成对照。这是一种不同的划分法,因为宏观经济学有一部分属于静态经济学的领域,只有一部分才属于动态经济学的领域。而静态经济学和动态经济学这二者,都可以划分为微观经济学和宏观经济学。凯恩斯的贡献,即他的著作中现在被人们研究得最多的那个部分,是属于宏观经济学的领域。但是,就其绝大部分来说,至少就其严格的理论部分来说,它却局限于静态经济学的领域。

还有另一种为经济学家们广泛使用的二分法，即把新古典派经济学和凯恩斯派经济学对照起来。这样做毫无意义，因为在凯恩斯最具权威的宏观—静态经济学的领域内，新古典学派简直没有什么贡献。这里的问题，并不是一个属于这一学派或另一学派的问题。这两个学派所研究的是不同的领域。在最近几十年间，“新古典派”一词的用法似乎已发生了某种变化。当我年轻的时候，“古典经济学”一词是指从亚当·斯密到约·斯·穆勒及其同代人等经济学家的经济思想；而“新古典派”，则是指那由于杰旺斯和孟格尔制定了边际效用论并把这一概念贯串于所有经济学原理而产生出来的更为完整的体系。看来，“新古典派”一词，最近已被用来指经济思想的一个更为晚近的发展阶段。但这些晚近的新古典派的独特贡献，却没有得到怎么清楚的说明。

静态在本质上是和休止状态有关。假设可得到的生产资源的整个范围既定、技术状况既定，以及一个社会中个人的欲望和嗜好都既定，那么，这些资源将如何在各种供选择的用途之间进行分配呢？将给它们确定多少价格，以及对于用它们生产出来的货物与服务又将确定多少价格呢？据假设，市场将建立均衡状态。在某些情况下，可能出现的与上述数据相一致的均衡状态，也许不只有一个。每一个人对于一既定商品的欲望，不可能用单个数字来表示，而必须用一个表明对可能出现的不同商品数额的不同欲求力的曲线来表示。同样，资源的生产率也必须用曲线来表示。如果这些曲线中出现拐折，则可能导致其他可供选择的均衡状态。

“休止状态”，可能给微观—静态经济学所研究的问题下了一个过于狭隘的定义。最好是把嗜好、资源可利用程度等方面可能发生的变化都包括在这个科目里来——只要这些变化是一次性的。由于整个价格和数量体系有着相互依存的关系,如同联立方程式所列出的那样,则只要某一单项变化,就可想而知地会引起整个领域内所有价格和数量的变化。在变化发生之前,人们借助于那些说明当时事物状态的方程式,决定了产品的所有价格和数量。那么在变化发生之后,人们将需要把所有的数额重新计算一遍,以便把变化的影响考虑进去,来决定整个产出的数额和价格的分布。

人们将不仅对事物的新状态感兴趣,而且还将对经济自身从旧状态调整到新状态的过程感兴趣。是些什么力量在起作用呢?有人建议,应该把这种对经济借以从一种静态均衡移到另一种静态均衡的方式的研究,视作动态经济学的一部分。这势必要把问题搞乱了。我们甚至现在就能够朦胧地把动态经济学的基本公理辨认出来,并足以意识到它们与这项研究无关,因为这项研究应该靠应用最广义的"供求规律"来进行。而动态经济学的领域,则是完全不同的东西。转变期间蛛网作用的可能性问题,和多种均衡的可能性问题,甚至不定性(indeterminateness)区域问题,这些都仍属于微观—静态经济学的领域。

还有另一种应予考虑的二分法,即在如何确立一种均衡的实况和这样确立的事物状态是否代表着一种经济上最适度条件的问题之间进行划分。这个联系,是靠引证微观—静态经济学的大师之一帕累托并用"帕累托最优"这个术语来说明的。正是亚当·斯密以来的古典派经济学的传统认为:在摩擦、垄断等起作用的条件下,实际可能要发生的事情和能生产出最大社会福利的事情这二者之间,能达到一种令人满意的吻合。至于由此引起的社会不同成员之间的收入分配问题，我们也必须保留意见。而要在实际上发生的事情和最大社会福利之间确立联系，这毕竟是动态经济学的一部分任务。如同上面所指出的，正是在这点上，必须让社会学的考虑发挥作用。

在凯恩斯研究宏观—静态经济学之前，和谐的微观—静态型式内就已存在了缺陷，这个缺陷可以被看得很大也可以被看得很小。也许最好是在这里离开本题来谈一下那个题目，因为人们将会发现它与动态经济学有关系。一般说来，传统的微观—静态经济学，特别是它的更精确形态，是把自己建立在一种可以称为“原子”假设的东西上面的，即每一个生产者都只是整个经济中很小的一部分，以致他自己的产出量的变化对于他的产品的价格毫无影响。这就使得：就他而言，他所碰到的是一条具有无限弹性的需求曲线。这里隐伏着某种矛盾。斯拉法先生在他那篇发表在《经济学杂志》上的著名的论文中，把这个矛盾揭露出来了。他证明，在这种情形下，在均衡点上不可能出现生产费用递减的条件。因为要获得这种条件，就必须存在某种程度垄断性。这和往日在课堂黑板上所阐述的东西不符。讲课的教师无疑会利用图表来解释说，在边际上，生产也许受费用递增或者费用递减所制约。人们会阐述可能出现费用递增或递减的一些条件。但根据斯拉法的学说，却不可能出现费用递减，除非是生产者具有几分垄断性因而他所面临的需求曲线向下倾斜。

可以顺便提及一下这个学说的一个副产品。过去曾有人假设，一种产品的需求增加，也许会引起它的价格上涨，或者至少在克服了眼前的瓶颈之后，也许会引起价格下跌，这一切得依它究竟

是受生产费用递增还是递减所制约为转移。新学说的意思是说，需求的增长，通常会有提高价格的趋势。我相信这是十分错误的。但是，这个观点已经提示：在一个物价普遍膨胀的时期，一项适当的遏制办法，就该是全面抑制需求。这对于1970年和1971年的英国、美国也许还有其他地方的政策，已产生了显然不幸和恶劣的影响。

在20年代，我从事过一定数量的实地调查工作，发现大多数生产者声称，他们实际上受费用递减所制约；他们还说，如果对他们产品的需求增长，他们很可能会降低价格。在这些人中间，有些人好像是在跟同种商品的其他生产者进行着积极的竞争。这个结论，在"牛津经济学家研究会"30年代所主持的调查中得到了进一步的证实。

对这些问题的研究，便使得通常被称为"不完全竞争理论"的一套思想体系发展起来。这个理论，摒弃了古典的"原子"说，因为按照后一学说，每一个生产者都能够按照国内（或世界）的价格想出售多少就卖掉多少。

不完全竞争，并不意味着是一种垄断的甚至是寡头独占的局面。依我看来，不幸的是，张伯伦教授的著作所涉猎的是同一个研究领域，却把它叫做"垄断竞争理论"。一家厂商，究竟是否应该把它看作是垄断的抑或寡头的企业，这要视其生产规模跟类似产品的生产者总数相对来说是大是小而定。

不完全竞争，包括寡头和垄断在内，但不只限于它们。凡是一种产品并不是绝对地等质，这时候便产生不完全竞争；而且这种情形适用于初级产品以外的大多数产品。在此情况下，生产者只有靠在更广泛的顾客中间建立起产品优质的好名声，才能扩大他的市场。这需要费时间和下工夫。

有人说，若一种产品并不是绝对标准化的和等质的，而且结果，在许多生产者的产品之间，在质量上或在细节方面存在着差异，这时候，每个生产者都应该被看作是他自己的那种特殊产品的垄断者。这实际上不过是用辞上的诡辩，而且把注意力从更带有根本性的问题上转移开去。在大多数情况下，若产品具有一般常识都承认的相当的相似程度，被用同样的名称称呼，如写字台、工作服等，那么，它们的生产者就应被视为全都是生产相同产品的人，即使产品之间在质量上和细节上还存在着某些差异。在这种情形下，可能会有垄断或寡头存在，但并不一定会有。然而，不完全竞争是有的，因为每个生产者不可能按照国内或世界市场上不由他自己而由外部条件确定的一个既定价格，想出售多少就卖掉多少。他所面对的，不是一条具有无限弹性的需求曲线。

由于存在不完全竞争，便有一条向下倾斜的需求曲线，尽管按公认的字面意义讲的那种垄断或寡头也许并不存在。由于有一条向下倾斜的需求曲线，便可能在每一家生产那种产品的厂商发生生产成本递减的那一点上出现均衡。这种情形也适用于服务业，而服务业在先进国家的经济中有着越来越大的相对重要性。

在每次发生成本递减的场合下，需求的增长，可望会使价格降低，除非是有时候（不是经常）发生短期的瓶颈现象。因此，除了在一国的经济正大体上充分发挥出其生产能力的时候以外，则应料想到需求的普遍增长会引起价格的总平均水平下降。

最后这个观点，跟近几年来流行的学说是抵触的，这个学说认为，如果价格正在上涨的话，则特效药物便是全面缩减需求。这样所产生的不幸后果，便是分散了人们对工资—物价螺旋上升的注意力；而工资—物价螺旋上升是一种完全不同的现象，若要加以纠正，就必须用那些跟缩减社会中有效需求总量的措施完全不同的办法来加以纠正。

现在我们可以来讨论宏观—静态经济学了，其实我们已经闯进了这个领域。凯恩斯正是在这个领域内成了权威大师。古典理论的主要成就，体现在确定如何分配生产资源来生产各种不同的货物与服务方面，体现在给这些货物与服务以及生产要素本身制定价格方面。但是，它对于生产资源会被利用到什么程度的问题，却没有做出多大贡献。如果我们试问一下个人将如何分派他的收入来购买各种产品，那他将争辩说，每种产品他购买得愈多，则其“边际”效用对他来说便愈小，因而他将把对每种产品的购买，继续进行到每种产品的边际效用都各自和要给它们偿付的价格成比例时为止。这个说法，就其纯理论来说，不仅是正确的，而且在相当程度上也适用于现实生活。

照此类推，当向他提出生产资源将被利用到什么程度这个问题时，他会争辩说，每个人都将卖力工作，使得他劳动的负边际效用恰好等于他劳动所生产出来的东西的效用。但是在这里，我们便在多数情况下远远脱离了现实的生活。这一学说对于某个鲁滨逊式的人物来说，可能很适用。它对于自耕农也可能适用，因为自耕农完全支配着他们自己的时间，并且置身于完全竞争之中，也就是说，他们能够按照由外界给他们确定的一定价格完全卖掉他们所生产的东西，而这一价格据信是和整个世界经济中该产品的边际效用成比例的。严格说，这样一名自耕农对他在地里一天多干一小时的活所挣得的货币收益，一定要有相当精细的了解。然后，他才能够把它跟这么干所承受的劳苦加以权衡。可能有某些地区，特别是在相当原始的社会里，这个原则实际上在那些地方是起作用的，但是对于大多数工人来说，他们完成多少工作量则以一些与之不同的力量为转移。因而在这方面，古典经济学是没多少思想可谈的。

有一些人，他们是“失业者”，压根儿没有活儿干，倒是愿意按照当前给这种工作提供的报酬率来工作。他们也许甚至愿意为挣取稍许更低一些的“实际”工资而工作，也就是说，挣取当前提供的工资，但物价比现在更高些。凯恩斯把这种情形称为“不自愿”的失业，以便把它和那种因工人必须改换雇主或变换行业而导致的摩擦性失业区别开来；而且还把它跟那些宁愿赋闲在家而靠国家帮助过较低水平生活，甚至在可以获得他们适合做的工作时也宁愿赋闲在家的人们的情形区别开来。

现在我们再来考察雇主方面。究竟是什么东西决定着他们所愿意提供的并且能够提供的就业量呢？在微观静态经济学领域中，人们自然必须考虑到对他们特殊产品的需求是增长抑或下降。但是，一个多世纪以来，所有产品的平均需求水平有时发生落后的现象，这已是有目共睹的事实。就商业循环说，这一点已显得很明白。凯恩斯的理论虽和商业循环的分析有关，但它所研究的范围更为广泛。在好几代人的时间里，专家们对商业循环所做的那种分析，同我们在业已讨论过了的一般价值理论中所说明的一般经济理论是有点分离的。

也许最好还是用三言两语，把凯恩斯关于任何时候所达到的需求总量(它反过来会支配就业水平)的理论的核心内容表述出来。不妨指出，这个理论，尽管归根到底大概是凯恩斯对经济学所做的一系列贡献中间最重要的一项，但也只不过是其中的一项。对于他的贡献，我们可以从现在正开始出版的全集中进行研究。

总需求由两大组成部分，即对固定资本或流动资本的需求，以及对供消费用的最终产品的需求。这两类需求，都包括有来自中央和地方政府的需求在内。也还有出口的需求，这个出口的需求或者被进口的供给平衡了或未平衡了；对于这个问题，凯恩斯没有依据我们现在正讨论着的这一特殊的总需求理论进行广泛的研究。

对资本货物的需求，取决于如何估计：它们的买主是如何联系着使用它们来生产的货物产出量，来对待这类资本货物最可能的需要的量；诚然，生产出来的也可能是资本货物。在大多数的情况下，特别是关于他们所需要的固定资本，他们非得向前瞻望一个相当长的时期不可。在某些情况下，做出精确的估计也是可能的；而在其他情况下，这些估计则可能以“预期”这个可变因素为转移，而这种可变因素就会带有强烈的心理成分。凯恩斯曾就“预期”这个题目，做过非常有趣的研究。

如果我们把资本货物的各式各样的买主所做出的估计加总起来，便可以发现——我们暂且大胆地以一个算术例子开始——为了制造这些资本货物，就得耗费社会的全部生产资源(假设这些生产资料都得到充分使用的话)的 15%。让我们还假设，个人和公司想要把他们纯收入的 84%储蓄起来。全部纯收入必定等于社会现时的全部产出。我所提到的这两个百分数，加总起来等于99%。于是将出现这种情况：对资本货物和消费货物的总需求，将小于社会所能够生产的产量。如果纯收入的领取者希望花费掉他们的纯收入的90%，则总需求就会稍大于社会所能够生产的产量。在前面的情况中，缺额将稍大于1%；15%是充分就业下所达到总产出额中的一个部分；而84%则是指实际收入说的。在这些条件下，对资本货物的需求加上个人和公司所不想储蓄的那部分纯收入的总和，大约计为社会所能够生产的产量的94%[①]在这个情况下，就会有6%的失业。“流落街头者”的人数不一定那么多，因为工厂内部可能存在就业不足。但是这种“就业不足”，与工人是否愿意工作毫无关系。可以说，这是一种制度上的摩擦。

应该特别强调的是，在上述计算中，并未涉及货币。我们把一定数量的固定资本和流动资本，当作社会所能够生产出来的产量的一个分数；我们也把个人和公司的储蓄，当作他们的纯收入的一个分数。这两个分数，都是以实物来表示的。

这在两个方面都有重大意义。按照所谓古典经济学的理论，失业问题可以用降低工资的办法来医治。有些人认为，凯恩斯学说的精髓，就仰赖于它那反对降低工资的主张。这么一种反对主张，确实是近代生活中的一个事实，但它却和凯恩斯学说的本质没有关系。那个学说并没有涉及工资水平问题，或者说，实际上没有涉及价格水平问题。

对货币也没有任何涉及，这一点便有第二种重大意义。讲到

① 15+94×84%=93.96。

这里，我们可能注意到还有另一种经常为人们所引用的二分法！它是把二分的界限划在凯恩斯学派和货币主义者之间。需要强调的是，凯恩斯虽认为货币与货币政策的影响极为重要，但他并不认为增加货币的供给会对物价有任何直接的影响。为了遵循凯恩斯的学说，需要对我那两个百分率中的第一个百分率如何确定的情节，即对生产者关于未来的估计（包括他们的预期在内），稍许做些修订。我们切不可把那些好像要付诸实施，但又由于缺乏可供使用的基金而不可能付诸实施的计划，包括到那个分数里来。货币供给的增加，将造成货币持有的过多，从而更易于为投资目的而筹集资金。这将提高两个分数中的前一个分数。但情形也许是，没有一次可以行得通的货币供给的增加，将把前一个分数增大到足以使两个分数加总起来达到100%。有些货币理论家争辩说，消费者将会把他们已增加了的货币供给花费掉一些。这在例外情况下可能是真的，但它看来像是一桩未必会发生的事情。货币将作为银行活动的副产品而流入到消费者的手中，而且他们通常总设法把它再投资出去。所谓货币供给的增加，将改变他们如何在储蓄和消费之间分配其收入的正规想法，这是极为靠不住的。

另有一种不同的办法，使货币供给的增加能够刺激消费，这就是把消费信贷放松。如果增加货币供给还没有达到充分就业，那么，说实在，我们别迟疑，而应该把凯恩斯的特效药，即现在通常说的“财政政策”付诸实施。让政府搞预算赤字，即负储蓄。这就会提高国民收入中用于消费的部分所占的比重。政府应该把负储蓄进行到足以使这个比重加上可以得到的生产资源中为执行投资计划所需要的比重等于1。反之，如果这两个比重之和大于1，则政府就应该搞预算结余，使其足以把它们的和减到一。

微观动态经济学所应该研究的，是那些支配着特定商品的需求增长率（或缩减率）的力量，或者是那些支配着特定企业或行业预期中的需求增长率（或缩减率）的力量。这涉及企业决策理论；关于这个理论，正在进行有价值的研究工作。

本书所研究的宏观动态经济学，是与对主要的需求范畴——对资本货物、出口等的需求范畴——的增长率起决定性作用的因素有关的。这正是凯恩斯给我们留有空隙余地的地方。关于这个问题，他并没有系统的理论。由于我们展望未来时总存在不可避免的不确定性，因而企业做出的估计的总和便可能偏高或偏低。这一点，和前面刚引述过的两个比重之和可能大于1或小于1的情形是十分不同的。自然，人们的预期可能会因为受乐观主义或悲观主义情绪感染的影响而看涨或看落。凯恩斯怀着极大的兴趣谈论着人们的预期反复无常。但他并没有说明是什么力量决定着人们的预期何以应该是那样。

凯恩斯遭到D. H. 罗伯逊与约翰·希克斯爵士错误的指责，说他让利息率去起它所无法起到的作用。在凯恩斯那里，有一个“中性”利息率（顺便提一下，这是一个静态概念），把它定义为所有利息率中与充分就业相适应的那个利息率。如果我们追问一下是什么力量决定着这个中性利息率的水平，便发现它们原来是储蓄倾向和投资倾向，[①]如同古典经济学讲的一样。但是，可以就凯恩斯说句公道话，他倒的确让预期去起它所无法起到的作用。

① 我在《货币论》一书中以更长的篇幅讨论了这个问题。

我应声言，旧古典经济学大体上按同等的比例，包括有我所称为静态的和动态的成分。动态成分，却已从我们现今视为经济学原理的主体中消失掉了。随着静态分析终于为边际概念和数学公式的运用所改进和完善，动态分析却看不见了。这也许要特别归咎于这一事实：动态经济学没有给边际分析提供这样的场所。最能说明动态经济学不受欢迎的例子是马歇尔。我们清楚地知道，他对于传统理论的一鳞一爪，都宝贝般地爱惜得不得了。他舍不得摒弃不把地租计入生产成本的观点。甚至工资铁律都重新出现；虽然它的外表软化了和显得温和了，但它却依然故我。为了把我的论证弄确实，我在写这本书之前又把马歇尔的《原理》一书重读了一遍，我几乎没有发现那至少曾分享到古典派的一半注意力的动态经济理论的一丝痕迹。[①]

我们可以拿李嘉图本人来作为一个例证说明。在他的序言中，我们可以发现这样的名言："确立支配这种分配的法则，乃是政治经济学的主要问题。"一名现代读者，从语法上讲有理由认为这句话是指我们现在所了解的静态分配理论而言。但是，我们应该根据更前面的一句话来理解它。这句话是："但在不同的社会阶段中，全部土地产品在地租、利润和工资的名义下分配给各个阶级的比例是极不相同的。"如果谁在读完了全书之后再回过头读序言，那他一定得按照后一句引文来解释前一句引文，就是说，得按动态意义来解释分配，说明经济学家的首要任务不是要确定产品将如

① 也许我对马歇尔未免有欠公正，动态经济学也许最终在他所未曾完成的第四卷中出现了。

何同时在各生产要素之间进行分配的，而是要确定产品在各要素之间的再分配是如何不断地发展的。

我可否把李嘉图的动态经济理论做一梗概叙述呢？他的整个理论中大部分是动态经济理论。对他来说，主要动力是积累趋势。这可以把它与我们所说的储蓄等同看待，而且李嘉图也正确地把它当作一个动态概念来对待。对于迄今业已渗进到教科书中去的那个错误：把储蓄纳入静态方程体系，他是没有责任的。只要有任何正储蓄，则经济的面貌便逐渐改变。按照工资基金说，这一积累趋势有着提高市场工资率的作用；李嘉图虽然名义上没有但实质上却是主张工资基金说的。而根据马尔萨斯的理论，这就会使得人口增加。由于存在报酬递减律，资本和劳动的边际产物便会因人口增长而下降。由于人口的增长会调整得使工资稳定在得以生存的水平上（为了公正对待李嘉图，我们可以称为稳定在均衡水平上），则劳动在边际产品中的份额会增加，而实际工资量保持不变。结果，每单位资本的实际利润便会下降。无论我们对李嘉图是使用劳动，还是使用产出物作为价值的尺度，这一结果都是千真万确的。同时地租会上涨。这是一种虽说是粗糙，然而却是地道的动态理论。只要有任何储蓄存在，则财富的分配便按照确定无疑的原理——地租上涨，利润下降——而继续发生变化。

于是提出了一个问题，即当利润下降到零时会出现什么情况呢？李嘉图回答说，还远未到零时，积累的动机就已经被消除掉了。所以他所思考的，是利息率仍为正的时候停滞状况的到来。

我简直用不着强调，这个动态理论在当时通称为“政治经济学”的理论大全中，具有何等重要的意义。“自由贸易”的实践准则，是可以从静态理论中抽取出来的。在当时同代人的心目中，其他两条实践准则也是同样重要的：一、用那些手段进行储蓄，会给劳苦的穷人带来比施舍更为持久的利益；二、穷人易于用来改善自己境遇的主要方法，乃是提高他们关于适当生活水准的概念，从而降低其出生率。这个理论，自然跟认为通过谈判和立法来争取提高工资是没有用处的消极学说相一致；人们只能用限制劳动供给的办法来影响实际工资，而这就意味着要遏制人口的增长。

要估算一下这两个从旧动态经济理论中引出来的实践准则在后来的历史中具有多大的重要性是很困难的。继韦柏之后的历史学家们已从清教徒的教义那里，发现了在资本主义全盛时期崇尚储蓄的更为古老和深刻的原因。但是，一定可以稍许考虑到这一情况：在 19 世纪，受过良好教育、懂得政治经济学的人，在政治经济学那里发现了可能是强烈地赞同储蓄是美德的观点。按照这个学说，储蓄不仅只是个人自重之美德，而且是人道的美德，它比其他任何形式的活动都更有助于造福于人类，至于第二条准则，则历史无疑已按照经济学家们所规定的路线行事。劳苦的穷人确曾及时地开始限制他们的人数；如果他们不这么做，则他们简直无法取得最近半个世纪所记录下来的伟大进步。至于经济学家们几十年来坚持不懈的说教和节制生育运动的发展，这二者之间是否存在着任何联系，这就更加难以确定了。

这些实践的学说，接着便和作为它们的基础的动态经济理论一道，都遭到了冷遇。动态经济理论还很粗糙，有一部分作为普遍规律已站不住脚，一部分则完全站不住脚了。但是，并没有用什么理论来取代这个理论（或取代这些准则），而且我们一直讲授到今天的理论经济学的主体部分，包括凯恩斯派学说在内，依然几乎全都是静态的。那种认为凯恩斯比李嘉图更具有动态成分的观点，正恰恰跟实际情况相反。

马歇尔没有能活到把他关于社会进步的思想整理出来并写出他已计划写出的第四卷。[①] 但是，约翰・斯图亚特・穆勒确曾给自己的《政治经济学原理》补编了一个第四篇，其标题是"社会进步对生产和分配的影响"。该篇第一章一开始就说："前三篇我们尽可能详细地阐述了对于这个主题的看法，这个主题用很恰当的数学名词来概括被称为静态经济学。"第一段的最后两句是："我们还必须考虑到人类的经济条件易于发生变化，而且实际上（在人类较为先进的民族以及在他们影响所及的一切地区）无论何时都在进步中经历变化。我们必须考虑：这些变化是什么，变化的规律是什么，以及它们的最终趋向是什么；从而给我们的均衡理论再增加一个运动理论——给静态政治经济学再增加一个动态政治经济学。"这话简直说得再好不过了。

穆勒的第四篇，包含有英国文献中一些伟大的古典的篇章。这里有关于政府应该把大量金钱花在公共工程上的主张。穆勒在这里已摆脱了古典派担心储蓄不足的传统。这一篇中有些段落令人联想起加尔布雷思教授来。但是，他所采取的纯理论，并没有怎么超出我们在他的先辈们那里业已看到的东西。他对人口增长是忧心忡忡的。

然后，到 19 世纪后半叶，动态经济学便消失不见了。其原因

① 参见第 16 页的脚注。

大概是边际效用和边际生产力理论在瓦尔拉、帕累托和马歇尔的大厦里已弄得很完善，引起了知识界的激动。只是到了比较晚近的时期，经济学家们才再度把他们的注意力转向了动态经济学。

第二章　基本方程式

动态经济学中最基本的方程式，是与一特定时点有关的。我们可能看到一列火车停在那里，或者我们可能看到一列以恒速通过交叉道口的火车。那么，这就有一个要对那些使火车以那个速度向前运动的各种力量加以确切说明的问题。在火车旅程的那个特定点上，它也可能是在加速或者是在减速。对于一个经济的增长率来讲，情况也相类似。

动态规律，并不一定就包含有时滞的出现或对时滞的分析。我不同意希克斯爵士的意见，他在早期著作中，把动态经济学的特点说成是制定一种必然包括给特定事件确定日期在内的方法。当然，增长率可能会有拐折或中断。在此情形下，就必须要有关于时滞问题的理论。但是，从逻辑上讲，分析那些在有稳步而又连续的增长率(或加速，等等)的情形下起作用的力量，是居于优先地位的，而且应当首先着手进行。然后我们才有很好的条件进入研究拐折和时滞问题。

$$G = \frac{s}{C} \cdots\cdots\cdots\cdots (1)$$

G 是单位时间的增长率。我们也可以用另一种方式来表述它。

$$\frac{\Delta Y}{Y}$$

在这里,Y代表收入。s是收入中被储蓄的比例。C是同一单位时间内的资本增量除以这个时间内生产出来的货物的增量。

这个方程式,是投资必然总是等于储蓄这一事实的动态化的表述法。

上述公式的正确性,是毋庸讨论的;它是一个必然的真理。对它唯一能提出来的问题,乃是它是否有用。必然的真理有无数之多。我们选择的却是那些真理:我们希望它们将成为有用的思想工具,并可以用启发的方式帮助我们挑拣生活的实际资料,引导我们对于特定的实际资料有一个了解,以及帮助我们对那些常常并不是必然真理的实际资料做出说明。应该指出的是,把储蓄表述为收入的一个比例,并不是说储蓄对收入额的大小有一个函数关系,尽管我们可能认为确信它有这么一种关系是合理的。

我现在着手研究另一个方程式。

$$G_w = \frac{s_d}{C_r} \cdots\cdots\cdots\cdots (2)$$

无论如何,这个方程式乍看起来,可以被看作是G_w的一个定义。s_d是收入中由人们当前想要进行的储蓄额所代表的比例部分。人们是由个人和公司所组成。把政府的储蓄也包括进来是否合适呢?在这里,必须区分开,这样做多少可预示一些问题。我们可能一想到中央或地方政府,总以为它们进行一些储蓄是正当的和合适的。而且我们可能把那些储蓄称为它们“愿意”进行的储蓄。但是,我们应该把为调节经济而进行的,并且倘若无意想以某种方法来调节经济的话便不会进行的那些储蓄,从政府合意的储蓄中排除出去。在这里,我们便进入了人们称为“财政政策”的领域。为了调节经济，政府也可能储蓄得会比它们在另外情况下所想要储蓄的少些。这种“调节”，专门是运用这个武器来把经济中的总需求量往上调或往下调。应该把政府所“愿意”进行的储蓄，看作是储蓄的净额或单单为“调节”经济而进行的负储蓄的净额。人们可以再次注意到，人们所愿意储蓄的数额虽然在方程中被表示为他们收入中的一个比例，但这并不意味着人们进行储蓄的意愿是由他们收入的多少所支配的，尽管我们可能还再次深信它至少局部地受其支配。

个人（和公司）可能发现，他们进行储蓄的速率要么不够要么过分。也许，从理论上说，个人对于他们要储蓄多少，可能并没有特定的想法。他们只是随便把他们的储蓄作为一种节余积攒起来。这可能是非常富有的人的情形，或者，也许有人会说，这可能是昔日非常富裕的人曾经有过的情形。他们真是享用了他们在生活中所想要享用的一切，从不费心去查看一下他们的存折并且计算一下费用。如果情形是这样，则这个由满不在乎的人所组成的阶级虽可能存在，但也不能影响由此得出的论点，只要还存在一些并不是那么满不在乎的人。

如果一个人为了支付保险费而必须向银行透支，则他将对自己说他需要削减消费从而要比现在储蓄得更多些。也十分可能出现完全相反的情况：一个人可能增加了收入而又不立即调整他的消费，以致他得以增加银行存款。而后，他可能认为他可以稍许过舒适一些，购买一些他久已渴望享用的额外的商品和服务。s_d 是他在一定的收入下，将力求保持的储蓄率。

C_r 也是一个比例。在不带下标的 C 中，其分子是单位时期期末尚未清偿的各种资本货物总量减去它在期初尚未清偿的总量之后的增加额，而其分母则是这一时期货物产量的增加额。若分子和分母达到这样的值：人们发现他们手头现有的资本货物量（固定的和流动的）恰好是他们觉得很合适的那个数量，既不多也不少，这时，C 便变为 C_r。用这种方式来表示手头现有的资本，包含有这个意思，即合意的资本量跟货物周转额的增量，有一定的关系。在稳步发展的情形下，这一点似乎是很有道理的。自然，如果在上期发生过手头现有资本过多或不足，则当前的资本形成就将必须小于或大于为增加总出产量所需要的资本额。再说一遍，这并不一定就是说，他们判断手头资本是充足还是不足的标准便仅仅是这个。

这么一来，我们便得到了一个双重的满意状态，一边是人们对于他们当前正进行的储蓄数额感到满意，而另一边则是人们对于他们手头现有的固定的和流动的资本数额感到满意。

我们接着转到我们的基本方程式上面来。我们把 G_w 定义为与等于 s_d 的 s 以及等于 C_r 的 C 相一致的那个 G 值。除非是出现了这种不大可能有的情况，即或者是 s_d 或者是 C_r 有一个不确定的领域，否则，经济增长率 G 都将只有一个唯一的值。这个增长率，是与人们想要进行的那个储蓄以及人们拥有为实现其目的而需要的资本货物额相适应的。我把 G 的这个值称为“有保证的”增长率（G_w）。

在我的早期著作中，我曾希望我因此而确立了一个堪称为均衡增长率的东西，类似于静态经济中传统的均衡。然而，西德尼·亚历山大教授在《经济学杂志》1950 年 12 月号的一篇文章中，对此提出了质疑,而我不得不承认他的批评是公正的。均衡的意思是:进程的各方都对所有正在进行的东西感到满意并且还在按同一方式继续进行。但是,按同一方式进行是什么意思呢?我所设想的是,如果在前一时期他们已把他们的订货增加了一定数量,而且如果一切都很顺利,则他们便会做出决定:既然他们的扩张率已证明是正确的,则他们便当继续按同样速率进行扩张。自然,不同的行业和企业将不是按照彼此相同的速率扩张,它们将有各自适合自身特点的速率。此外,有的人可能会犯错误,而且实际上几乎必定会犯错误。若过剩的总量等于不足的总量,这时,我们便说 $C=C_r$。

亚历山大教授所提出的问题,是我们应该如何给“按同一方式进行”下定义。有代表性的订货商是否可能会争辩说,由于他上一轮订货已证明是正确的,他还会继续按照那个绝对水平进行订货呢?说 G_w 是一种均衡扩张率,这个看法的意思是说这是具有代表性的企业主的某种行为参数。若一切都已证明良好,那么,他将继续保持他以前的增长率吗?或者他将把订货保留在同样的绝对水平上吗?或者,他若是一位乐观主义者,他也许会决定加快他的增长。这里存在凯恩斯称之为代表性的企业主的动物精神的水平问题。最近的经验已表明,至少在英国或美国,企业主的动物精神有点不足。如果这不只是一种偶然的失调的话,那它就将证明它对于经济政策的正确标准有着重大关系。

我们暂且坚持这样一个前提,即第二个方程式只不过是给我们可以称为“有保证的”增长率的东西下了一个定义。在着手进行之前,最好还是先提出另一个方程式。能不能不管 G_w 是不是均衡，都将其看作是一种最适宜状态呢？人们的思想又回复到古典的静态经济学上来，在那里，除了垄断、寡头或者后来的不完全竞争以外，均衡也就是一种最适宜状态。

有保证的增长率，部分地是由人们想要储蓄多少来决定。在古典的静态经济学那里，某种最适宜状态，是靠这样来达到的，即给予人们有依照他们的意愿按均衡价格去购买各种货物的自由。按照古典的静态经济学来类推，便能够争辩说，就储蓄而言，因它意味着人们为了将来的利益而放弃目前的利益，则社会的最适宜状态，便能够通过给予每个人以在当前的和未来的利益之间做出自己选择的自由来达到。整个社会所进行的储蓄将是社会全体成员做出自由选择的结果。它们将受利息率的影响，关于利息率，到适当时候将详细谈谈。

但是，这究竟有什么意义呢？

每个人在储蓄方面做什么选择，是受各种制度上的安排支配的，而这些制度上的安排又因国而各异，因时而不同。这里有一个问题，即将由国家通过当前的转移支付进行哪些准备，以供将来一旦发生意外事件——年老、疾病、失业等——时需用。国家所满足的范围愈广，则个人便愈不大认为有责任靠自己储蓄来为自己准备不时之需。个人的储蓄，也将受政府当局为他的子女受教育提供津贴的程度的影响。再则，当人们想到为其子孙的利益而进行储蓄的时候，则整个遗产税问题便强有力地登场了。再说公司的储蓄额，将受到市场给发行新资本提供的便利条件的很大影响。这些条件在国与国之间又各不相同。假如一家公司靠发行股票来供应它的大部分资本，则它是在利用个人的储蓄，因而将无须通过把利润再投资的办法来储蓄那么多。既然制度的安排因时因地而具有这一切复杂性和差别，人们便肯定不能不顾及这些，而认为个人和公司为求自己方便而想要储蓄的总额，能够代表一种社会的最适宜状态。如果 s_d 不代表社会的一种最适宜状态，那么 G_w 也因而代表不了。

让我们用 G_n 来表示社会最适宜的增长率。G_n 的值有两个决定因素，即劳动人口的增长率以及可以得到的用以生产货物和服务的技术的改进率。人们不必在这个时刻就把资本设备的增长率引进来，因为这样就会把事情搞乱了。

需要把劳动人口增长的概念明确一下。它的主要决定因素，乃是在一定年龄界限内的人口数。男女可能要分别加以考虑，无论是因为社会习惯使得在各不同年龄的分组中，有一个较大（或较小）比例的妇女希望获得工作；还是因为婴儿的死亡率在过去已有改进，正在使得各劳动年龄分组中的男女比例发生变化。

自然，还要假设，充分就业是在容许有由于改换工作而不可避免的摩擦性失业的条件下达到的。

人们的劳动寿命，还有劳动年，周和日的长度，可能正在有所缩减。在这些方面最适宜的安排，大抵通常只有在技术获得某些积极进步的情形下，才会有变化。自然，人们的心理状态也许由于根深蒂固的非经济原因而发生某种变化。通常人们总是只有在货物与服务有了增加而可供其享用闲暇时间和丰富业余生活的情形下，才会提高其对闲暇的偏好。因此，人们会推想到，最适宜的劳动时间的削减，不会完全按照每小时产出量增加的比例，而是低于这个比例。

在某些情况下,也许根本不削减。在先进国家里,情形很可能就是这样。也许可以说,人基本上宁愿工作而不愿赋闲,只要工作的延长并不致产生极度劳累的话。以前,社会改良家和雇工代表们最为注意的是削减工时。在先进国家里,更为重要的,乃是工厂和车间的工作要有趣而且能激发雇工的创造力。于是,对一项新的技术设备进行估价,不仅应该考虑它可能增加的每小时产出量,而且还要考虑:一经应用之后,它对于运用这一设备的人们所带来的趣味和乐趣的性质,会产生什么影响。人们的思想是在朝这个方向发展,但它的范围却不够广阔。在过去,工会经常总是反对改进技术,理由是它会取代工人,而工人则发现要获得别的工作也许不容易。在一个国家里,若它的政府当局毫无疑问是坚定不移地致力于维持充分就业,则工人方面的这种忧虑便会消失。于是工会便可毫无顾虑地专心考虑这个问题:即一项倡议的技术革新究竟会不会把工人的劳动生活变得更加枯燥无味。无论如何应该确立一套办法,让他们来估价一下:当工作引起枯燥乏味的感觉时,由于产量增加而得到的报酬的增加,是否能抵偿得过工作枯燥乏味的加重。但要确定一套由有关方面进行可靠评价的办法,无疑常常是非常困难的。因为这些困难都正好是属于社会学的范围,所以人们都满怀希望地认为社会学在今后年代里将取得进步。

在某些情形下,货物与服务的需求弹性,按劳动计可能大于1。在这种情况下,每小时报酬提高了,便可能使得那些领取这种报酬的人要想把工时延长些。人们会想起印第安人的村庄,那里完成的工作量很低,工作的报酬也很低。把每个工时的报酬稍提高一下,便使得工人们想要做更多的工时。在这种情形下,增加技术设备，便会在提高最适宜的增长率方面有双重的影响：它会提高每小时的产量，而同时又会增加最适宜的工时数。

劳动寿命最适宜的长度，显然是受开始劳动以前由于受不同程度教育而被刨除掉的年数所影响。就以那些用教育装备起来以便以后参加生产的人们的总的平均情况来看，技术的进步，总可提高那无论是由于额外在中学或在大学里学习了一年而得来的额外生产率。

可以允许一个怀疑论者怀疑片刻。在服务业——整个经济活动中的一个日益发展的部门——的领域里，情形似乎是这样：从前一个也许涉及复杂问题的询问，只能靠运用智力来回答，而现在则靠按几下电钮来回答。如果按电钮给询问提供的答案还受到顾客诘问的话，则电钮操作者便完全被弄得狼狈不堪。一个经济学家在服务业——商店、银行等等——领域内做出判断，要比对工厂的内部事务做出判断，具有更优越的条件；除非这个经济学家对于某一特定工业例如钢铁生产，有过专门的研究，因而他对有关工厂内所进行的一切都有深刻的了解。从表面上看，人们会以为在应付提问时，执行按电钮的职能所需要的教育，会比靠运用智力所需要的教育要少些。当然，教育不能够改变每个人所拥有的智力总量。然而，它却有助于加强既有的智力的力量去对付那到时候就将面临的问题。如果这个对教育的看法是过于理想主义的话，那么还是把花在教育上的时间压缩到最小限度为妙。如果说技术的进步真的使得智力的运用减少（就总的平均情况看）的话，那么，最适宜的计划就是减少（就总的平均情况看）花在教育上的时间。

然而，听到了这种怀疑的意见，我倒认为，设想技术的进步提

高了应从劳动寿命中扣除掉的最适宜的受教育时间(就总的平均情况说)是明智的。这么一来,技术的进步也对经济增长产生了一点消极作用,这是因为它减少了最适宜的劳动寿命的长度,从而减少了可用于生产的劳动的增加。

在叙述最适宜增长率的两个决定性要素中的第一个要素时,曾假定了那些适龄劳动者的人数的增加(或减少)是由外生因素给定的;还假定了每个人最适宜的工时数的决定因素,是从人们对于劳动、货物和闲暇三者之间的个人偏好曲线中得来的。

前一个假设跟古典经济学针锋相对,因为古典经济学认为,人口增加率是由劳动报酬率这个内生因素决定的。这个冷酷的学派竟认为,就业报酬有一种总是趋向于生存水平的持续趋势。报酬的任何提高,都会刺激劳动力供应的追加。而较温和的李嘉图则认为可以说服大部分群众节制生育,从而把生活水准保持在生存线以上。实则完全一样,都是由内生因素决定的。

这个人口学说,是和强调土地报酬递减律和矿藏枯竭趋势的重要性相联系的。

这个学说可简扼地叙述如下。技术的进步在短期内提高了雇工的报酬;这就使得他们生育更多的孩子;这就导致必须加紧地开发土地和矿藏;这种加紧的榨取,使得从事于这种劳动的劳动者蒙受报酬递减之苦;这些报酬的递减,将正好抵消了技术进步所带来的报酬的增加。

在现代,这种解释看来是大大夸大了的和不现实的。但是,其中也有一些成分却不容忽视。

第一,我们可以考虑一下报酬递减问题。技术进步直接冲击到农业耕作过程(近几年来这种冲击最为显著)和采矿过程。随着技术进步,这些报酬递减部门的领域,相对于整个经济来说,是有着萎缩的倾向。为了简便起见,我们可把增长定义为来自于技术的净进步。如果新技术知识所可能造就的进步,恰好只够抵消土地的收入递减以及矿藏的日益枯竭,那么,我们便只能把技术进步带来的增长写成等于零。按照这个定义说来,则一个相当长时期以来,在世界的绝大部分地区,技术的净进步都有一个正值。

我们把人口增加看作是增长的一个外生的决定性要素,是否有道理呢?在这方面,古典经济学家却不以为然,他们特别强调的是出生率。其观点是:如果大部分人的个人收入提高了,则他们便会不再节制生育了。他们对此怎么办呢?在那时候,还没有"药丸"。约翰·斯图亚特·穆勒还在年轻时,就曾为在伦敦的贫民区宣传了一下原始的避孕法而被投入监狱。马尔萨斯,一名牧师,却不赞成这种权宜办法,认为应该用抑制性行为的办法来减少人口;但他对大多数人会实际上实行这种抑制办法的可能性极为怀疑。这种观点的逻辑结论,并不是说人口总是有因增殖而沦于维持生存水平的趋向,而是说出生率乃是一个外生变数。

看来古典经济学家们所没有估计到的,乃是当时英国的人口增加并非来自于出生率的提高,而是来自于死亡率的降低,特别是较年轻的那几组人口的死亡率的降低。出生率当时显然仍保持稳定。但是,这意味着人口的增加并不是一个完全外生的变数。在技术的进步超过了报酬递减的条件下,便可以供应较好的有益于健康的饮食。此外,医药技术也有迅速进步,因而大大减少了诸如天花之类的疾病所造成的灾难。

现在对于先进国家来说，这些考虑可能不大契合了，这一点以后还得谈谈，因为属于报酬递减的生产领域已缩小了，并且由于医药继续进步而带来的死亡率进一步下降也很轻微。但是，这些考虑对于一些像印度那样的不发达国家，的确非常契合。在它们那里，受报酬递减律支配的粮食，在其所消费的货物与服务总额中占一个较大比例。如果技术进步（主要是进口来的）超过了报酬递减，这便可望减少死亡率从而提高人口增长率。最近，我们已从"绿色革命"中，获得了一个技术进步的惊人例子。至今这仅只影响了印度的一些地区，而印度的各种地区在粮食方面主要是自给自足的；有些地区还不种植稻或小麦。而且，在许多不发达国家里，还大有增加医药技术知识（主要是进口来的）以及有关设备的余地，以减少死亡率，从而使得人口的增加率要比在其他情况下更大些。这样，在报酬递减律盛行的条件下，就将对由技术进步（本国自造的或进口来的）所促成的增长起抵消作用。

出生率的情形如何呢？当古典经济学家们大肆谈论它的时候，除了在爱尔兰外，它并没有提高。但是，在 19 世纪中叶，它在先进国家却开始急剧下降。这是和大多数群众的生活水平由于工业革命而开始提高同时进行的。这似乎和古典经济学的中心论点相违背，因为按照古典经济学说，生活水准的提高一定会刺激生育而不会是相反。

人们也许会得出一个相反的假说来。当人们生活在一贫如洗的情况下，事事都糟透了，然而，生儿育女的乐趣倒是他们的权利。但是，当人们的生活水平上升到不只是能够维持生存的时候，他们便开始较多地注意花钱，注意如何用多挣得的钱让自己的生活过得更惬意些。于是,他们便可能拿这些来抵消再养一个孩子的乐趣了。

我们可能面对着一条U型曲线。当大多数群众变得富裕起来,以至于他们能买得起他们所想要的大部分商品的时候,以及当人们对于用增加了的收入购置新商品感到算不得什么的时候,这时,增添孩子的乐趣便又重新涌现出来了。这一点,可以说明自第二次世界大战结束以来,何以一些先进国家的出生率表现出上升的趋势。

把这些重要的相互关系牢牢记住,这对于把劳动人口的增加当作一个外生的变数来开始研究增长问题,特别是研究适当短期的增长问题,可能是有利的。

现在我们便来研究技术进步问题。重大的科学发明大概是外生的;技术研究的成果在某种程度上依赖于它们。在经济学中,技术进步的内容,应该有一个比较宽的范围。我们所关心的是实际上完成了的东西,是实际上投入生产的新生产方法。它们被推广采用的速率,一方面依赖于企业家的才能;同时也依赖于凯恩斯说的"动物精神"这个词,我们已在别处提到过。他们在审批经费时将认为究竟值得给研究和发展事业花多少经费呢?在这里,存在着一种"良性循环"的可能性。如果政府当局表示保证他们将根据经济的增长能力,来采取必要的措施以提高需求;而且如果人们也信任这一"保证"的话,则花在研究和发展方面的钱将比在其他情况下要多些,这反过来又将提高经济的增长潜力。技术进步的总量,以及与其相关的经济增长潜力的提高率,将依企业家的智力、想象力和能力而定。因此,它便取决于工业的制度结构是否能够把恰当的人才选到他们能做出贴切的决定的位置上去。热忱和雄心也是必需的。常有人断言19世纪英国普遍流行“家族企业”乃是一个衰弱的源泉，虽然那时是经济获得巨大发展的时期。家族称号乃是热忱和雄心的一个源泉，虽然，也许偶然会有“饭桶人物”。而管理我们的跨国公司的非人格的巨人们，究竟他们的内心里是什么动力，并不那么清楚。

要把技术的进步具体体现出来，也需要增加各种程度的熟练工人。缺乏这些工人，便可能降低经济的增长能力。这又使得我们再回到国家的教育政策问题上来了。

下面我将列出基本方程式的另一种变形。

$$G_n=\frac{s_o}{C_r}\cdots\cdots\cdots\cdots(3)$$

G_n 是“自然”增长率。有人可能以为它是与经济的潜力相适应的增长率，或者是在我们就对工作与闲暇进行权衡问题所谈到的一切条件下可能达到的最大增长率。GDP并不是一个很好的衡量增长率的尺度。它并没有一个成分是表示由于闲暇增加而获得的福利的增加。政府所供应的货物，可能定价偏低了，因为它们是按成本定价而不计利润的。因有法定的否决权（例如关于保护乡区环境方面）而获得的福利，却没有被表示出来。这样获得的福利，如果大于在没有否决权的情况下仅靠增加生产而自然增长的福利，那么这就意味着实际增长率是大于在没有否决权的情况下所出现的增长率；但是，我们衡量GDP的方法，却使得它的增长竟比在没有否决权的情况下所获得的要小。

最好还是根据左边诸项为被决定因素和右边诸项为决定因素

的原则，把方程式(3)调转一下：

$$s_o = G_n \cdot C_r \cdots\cdots\cdots\cdots (3a)$$

在方程式(2)中，“有保证的”增长，部分地是由人们在所有的制度安排下所愿意进行的储蓄来决定的，但这些制度安排则因国家的不同和时间的不同而迥异。它可能被看作是一个说明自由放任资本主义制度下经济增长的决定因素的方程式。这和古典经济学是一致的。人们愿意储蓄多少，这是受各种制度上的安排所制约的，而制度上的安排又因国家的不同和时间的不同，有着很大的差异；人们愿意储蓄多少决定着经济的增长率。但是，在方程式(3a)中，储蓄率却是一名奴仆而不是主子。它假设“自然”增长率是由人口增加和技术进步决定的，并且说明因此而需要有什么样的储蓄率。政府当局有责任确保完成这个储蓄额。我已把方程式(2)叫作是对自由放任资本主义下所发生的一切的一个说明。方程式(3a)所说的是指社会主义吗？我认为否。在从个人主义到社会主义的一系列国家的类型中，美国可能被看作是位于或者接近个人主义的一端。但是，即使在那个国家里，“货币的”和“财政的”政策，也被看作是政府(包括中央银行)的合法的武器。这些政策有助于调节储蓄率，并且有助于根据经济增长的能力，来供应足够的储蓄(既不多也不少)，以维持合理的充分就业和增长。财政政策，是通过增补或者削减人们所想进行的储蓄额来执行这项任务的。货币政策，其目的在于促使银行或其他金融机构放松(或紧缩)其借贷，使订货要比在其他情况下增加(或减少)，而这样一来，根据标准的(即凯恩斯主义)的宏观静态经济学的原理，便使得公司余留的利润和储蓄会比在其他情况下增多(或减少)。这么一

来，我们便无须成为社会主义者，就拥有了实现方程式(3a)和促使储蓄达到经济增长的能力所要求的水平的武器。在某些欠发达国家，那里的私人储蓄低，而且相对于它们的增长能力说是太低了，非常重要的一点则是应该用财政政策来提高储蓄率。

方程式(3a)有一个含义，即认为存在一个政府当局应该作为一项长期政策来力求达到的最适宜的储蓄率。已提到过美国承认需要有货币政策和财政政策。迄今还不清楚的是，在美国占优势的意见，究竟是认为应该运用这些武器把储蓄率长期保持在恰当的水平上，还是认为它们的正当用途应限于熨平商业周期。那一点*是很重要的，但它所含有的关于政府当局的职责的观点，却过于狭隘。

在正常情况下，我们可以预期在一个先进的经济中消费会提高。可能会出现这样的阶段，这时技术发明竟如此之多，而且资本密集程度又如此之高，以致最适宜的储蓄就其绝对数额说竟比产出量增长得更大，于是招致消费下降；这样的阶段大概是极为罕见的。但是，由于政府的更迭，例如，设若一个资本主义国家变成社会主义国家，或者来一个稍许缓和点的假设，由于一个比前任有更强烈的计划倾向的政府上台，人们可能会碰到类似的问题。它也许认为国家的资本设备低于它的最适宜水平。为了补救这种情况，就得把储蓄率暂时提高到它的正常水平以上。这样得要持续多长时间呢？卡列茨基在他的权威性著作[①]中讨论了这个问题。

---

* 指关于“熨平”的主张。——译者注

① 《社会主义经济增长理论导论》(1969年，牛津英文版；1963年，波兰文初版)。

他主张人们在创造追加资本时不应让消费水平降低，他人道地提出，人们甚至应该让它继续提高，但是按一种低于正常的速率进行，直到储备得到补偿。他在波兰的经济计划工作中有着处理这类问题的实际经验。他认为消费之按低于正常速率增长究竟会持续多长时间，乃是由政府任意决定的事情；在这里他便亮出了他那社会主义的面目。其实存在着一个严格的经济标准。我们必须把收入表的边际效用弹性考虑在内，还必须把由于收入增加而引起收入的边际效用随着时间而下降考虑在内。这个问题将在后面的一章中讨论。

在有保证的增长率（G_w）方程式中，G_w 的一个常数值是和合意的储蓄率（S_d）以及所需要的资本率（C_r）的常数值相结合的，或者是和那些相互抵消的变值相结合的。常有人认为，合意的储蓄率是随着收入增加而提高的。但历史的事实并不能确证这一假说。如果合意的储蓄率确实是随着收入增加而提高的话，那么，有保证的增长率（假定 C_r 不变）便一定加速。经济的供应能力的增长 G_n 能够无限期地加速下去，则是不大可能的事情。实际的增长（G）不可能超过 G_n，除非是在从就业不足或者从可得到的技术未被充分使用的状态中复苏过来的时期；因此，如果储蓄率在上升，实际的增长就一定会重新降到有保证的增长以下。这就引起了第七章中所讨论的问题。

所需要的资本产出率（C_r）的不断提高，竟和有保证的增长率的减速相结合着。这是貌似相当荒谬却又很可能是真实的论点！资本的密集程度在提高，结果，增长率却在下降。而且基本方程式证明了这一点。

一些受旧式经济学熏陶出来的人，也许会争辩说，如果储蓄倾向在提高，那么通过利息率的下降，这就会以同等比例提高资本—产出率，从而使有保证的增长率保持不变，结果是经济按恒速增长。这是完全不能被认同的。我们还必须考虑到决定利息率的因素(更确切地说，利息率分布的决定因素)。C_r 的值是依利息率为转移的，这不仅无可否认，而且还是应该加以强调的。所无法确认的，则是有“自然力量”通过利息率起作用，而使得 G_w 保持一个常值。无论我们是否把 G_w 看作是一个“均衡”值(依有关企业主的实际“行为参数”的问题而定)，一个 G_w 的常数值并不比它的增值或减值更处于均衡的位置上。因此，假设利息率有某种不可思议的恢复均衡的特性，却没有理由一定会使得 C_r 按比例地随储蓄率的增加(或减少)而上升(或下降)，从而使增长(G_w)的速度保持不变。

静态经济学的工具，包括凯恩斯派宏观静态经济学的工具在内，实在不足以与动态经济学理论相匹敌。

第三章　不稳定原理

有必要用一些颇为老一套的话来开始这一章。这是因为有一些杰出的经济学家在他们的著作中曾提到过“哈罗德刃锋”。我从来没有写过(或说过)任何东西可以证明这种提法所表述的是我的观点。

从初次表述增长方程式时起，我就争辩说，那里所出现的有保证的增长率是适合于自由放任的资本主义的，因而是处于“不稳定的均衡”之中。这是从初等机械学中衍生出来的用词。如果一个弹子搁在盆底，运用一种力量把它朝一定方向推动，它可能被弄得往上移向盘的一边。然后，如果这个力停止使用，这弹子便将回到它原先的盆底位置上。可以说，位于盆底的弹子是处于稳定的均衡之中。我重提一下中学课本上的知识，并不会感到有什么难为情。我们可以说一个台球桌上静止不动的弹球是处于中性平衡之中。如果把它推动一下，让它滚到一个不同的位置上，它将没有回复到它的原位的倾向。但它移离原位的距离，将不超过推走它的距离。它将停留在新位置上。反之，如果运用一力作用于停放在一倒扣的盆顶上的弹子上，它离开其原位的距离，将超过这个力单独推走它的距离。它在力量作用于它之前的未受干扰的静止状态，便是一种不稳定的均衡的状态。移动一个处于不稳定均衡中的物体所需要的力的总量，依摩擦、空气阻力等情况而定。选择盆顶上的弹子这个例子，对于说明我的论点也许并不很恰当；它的平衡跟在刀口上完全不一样！一个较好的例子应当是放在草坡上一个球。要推动它，也许得狠踢一脚。但是，一旦滚动了，它会比它放在平地时用同样的力来踢它一脚要滚得更远些，特别是如果这座小山是陡峭的话。它也许会一直滚到山脚下。

处在刀口上，是不稳定均衡的一种极端情形。我从未提出过有保证的增长率有着这一类极端的不稳定性。相反，在我第一次用公式表述时（见《经济学杂志》1939 年 3 月号），我仅只作为例子，提出资本商品的增减反过来影响订货流量的反作用时间，也许要六个月。如果要移动某物须得六个月，怎么能说它是处在刃锋上！（实际上，刃锋的说法也许表示着一个过于短暂的时期，而我举的例子却可能有六个月反作用时间，这相对于周期运动来说，算是长的。）

我必须向“刃锋”命名者提出抗议，因为它听起来令人感到完全脱离现实，甚至是一个荒谬可笑的小问题，而且还会搅乱读者的思想而不去认真注意我关于不稳定性问题所必须谈到的东西。

我们回来讨论有保证的增长方程式。让我们假设某一经济在一个时期内实际上是按有保证的速率增长的，但后来发生了偏向。很明显，这种情形很容易发生。实际增长率是依某一既定时间内订货总量和前期订货总量之比而定的。这个总量，乃是许许多多（成千上万）企业主根据他们对自己企业前景的估计所做出的决定的结果。这里所说的企业主不仅包括那些经营制造业的企业主，而且还包括连商店老板都在内的其他一切企业主。在巨大的不稳定性面前，他们时时刻刻都必须既对整个经济可能会发生的猛涨或暴跌的行为，也对与他们利害攸关的部门的特殊行为，做出他们的估计。

如果所有决策的总量竟然使得实际增长率等于有保证的增长率，那将几乎是一个奇迹。时时刻刻都可能发生某些偏差。但如果这些偏差的程度不大，我便不会设想它们会使得不稳定原理发挥作用。这就是我之所以如此反对刀口说法的原因所在。要造成一种足以让不稳定原理发挥作用的偏差，就需要有一种相当大的偏差，即诸如由于某个重要工业部门（像汽车工业）对其全面的估计加以修订而可能引起的那样大的偏差。

让我们假设有保证的增长率发生了一次偏差，以致 $G>G_w$。按一般道理讲，则情况不可避免地是：或者 $s>s_d$，或者 $C<C_r$，或者二者兼而有之。在任一情况下，订货都将增加，都将使得实际的增长超过有保证的增长水平。让我们依次对每种情况一一加以考察。

个人或者公司，或者二者一道，都可能增加储蓄。如果是个人储蓄增长的话，则个人一发现他们的储蓄超过了他们的需要，便将倾向于增加他们的购买，这将通过中间媒介的链条发生反作用并且引起对商品与服务的生产订货增加。如果是公司储蓄增长的话，则公司便将决定：或者增加股东们的分红，在此情况下，其效果则和个人储蓄初始的增加一样；或者是它们自己额外增加订货，而这些订货却一直因受到利润不足所限制而未能增加过。因此，如果的确发生了实际增长超过有保证的增长的偏差的话，则个人和公司二者都有增加订货的倾向。反过来这种论点也适用。如果发生实际的增长率滑落到有保证的增长率以下的情况，则订货便有下降的倾向（或者要比它们在其他情况下增加得少些），而且还将使实际增长率进一步下降到有保证的增长率以下。

考察一下第二种情况：如果 $C<C_r$，很明显，订货将增加。现有的固定资本或存货不足以保证需要，则订货增加率将提高。反之，如果 $C>C_r$，则现有的设备或存货将有剩余，这将倾向于引起新订货的增加率降低。

在分析球将滚多远，分析那环绕着有保证的增长率路线的离心力区域的界限等问题时，我从来没有能使自己感到满意。在有保证的增长率以上的领域内，最高限以达到充分就业为止。这个最高限是一个富有弹性的最高限，因为在某些情况下，“参加工作率”可能超出正常的水平。妇女或者其他非正式就业者，都可能得到工作。实际工资在超高度就业情况下将高得异乎寻常的情形，并不见得会发生；但是，倒很可能会发生一场通货膨胀，它将诱使那些未正式参加工作的人去寻求就业，以便继续维持他们家庭的生活水平。

由于边际上的劳动力的不移动性日益增长，实际增长率便可能会在达到充分就业的最高限（不管是怎样确定的）之前减弱。在景气时，各地区性的增长率可能彼此不同，各工业增长率也一样，因而要填满招雇的工作职位，就可能需要在国内移民或者改换行业。虽然，一个企业在一个时点上也许能够使销售超过生产，但对其产品的需求的价格弹性，不会小到足以使它能够把它所吸引来的追加劳动力的成本都塞进到它的价格中去，而又不至于把现有的需求削减过多。应该记住的是，把劳动力从其他地区或行业吸收进来的边际成本，并不是给所需要的追加劳动力支付的更高工资，而是那因工资上涨而引起的边际费用。这个边际费用要大得多，它包括必须给那些原已在企业中就业的人们支付的更高的工资。

20 年代牛津的莫里斯汽车公司从另一地区吸收劳动力的情形，乃是一个典型的实例，当时威廉·莫里斯（后来腊费尔德勋爵）为了把失业的威尔士煤矿工人吸收到他在牛津的工厂里来，竟提供出在当时看来似乎是高得离奇的工资。当时正是英国的失业十分严重的时期。也许那时的确还有别的企业需要招工，但它们实在出不起像热情奔放的莫里斯汽车公司那么高的工资，以便把劳动力从其他地区吸引来。当更严重的不景气来到时，就连莫里斯公司也解雇了一些人，大多数威尔士煤矿工人仍回到威尔士去，尽管那里的失业状况比牛津更严重得多，他们还是宁愿离开牛津回到威尔士。

因此，当各地区和各行业之间的增长率出现重大差距时，则实际增长方面可以实现的总增长可能会下降，而且可能会在达到充分就业之前就跌到有保证的增长以下。

按照不稳定原理，当实际增长率下降时，决定其下限的是什么呢？这是一个更加困难的问题。1931 年前后就有一些经济学家认为没有什么“下限”，认为资本主义制度已崩溃了。

这个需要有智慧的问题现在已失去了实际的迫切性。因为，自战后以来，业已获得公认的一种政治经济学学说，就是主张要政府当局运用货币和财政政策去制止大规模的下降。这一点已做到了。

然而，1929—1932 年的大萧条确曾达到它的下限。英美两国在1932年都运用了促进复苏的货币政策，而且可以说，正是这些措施实际上制止了进一步往下掉进到地狱里去。罗斯福总统在1934年也采取了措施，现在回顾起来，我们可以把这些措施看作是“财政”政策的措施，但这是无意中干的。他批准了一笔数额非常大的政府开支，并且靠借钱来支付这些开支。这就是扩张主义的“财政政策”。如果他是靠增加税收来给他的所有计划筹措资金，那这一财政政策就不会是扩张主义的，或者几乎算不上是扩张主义的了。不用说，他确曾认为靠增加税收来给这些计划筹措资金会更有利得多；他没有这么办只是由于环境的不可抗拒的压力罢了。这样说的意思是他并不是有意识地推行我们现在所称为扩张主义的财政政策的措施。扩张主义的政策实质上是依靠政府借钱来给它追加的经费提供资金的。

然而，有些摸索过一下经济史的人可能会认为，如果没有运用货币和财政的恢复措施，大萧条也终会自动达到下限的。

有必要提出一种假设，即有保证的增长率本身(G_w)在景气或不景气的影响下会发生变化。我们可把初始的有保证的率(这是稳步发展中所固有的)称为“正常的”有保证的率，而把其他的称为特殊的有保证的增长率(见后文)。随着个人收入下降，到一定时候人们可能会抗拒把消费缩减到某一点以下去，而决定放弃储蓄计划。合意的储蓄率(s_d)便会下降，其结果是使G_w降低。既然前景变得暗淡，公司便可能认为保持像过去那么多的未分配利润已没有意义，而与此同时，它们将急切地想尽可能少降低些红利率。这样又将使公司的s_d从而使G_w降低。这些力量，到一定时候便能够使得“特殊的”有保证率跌到实际率以下去，于是将为复苏准备好条件。此外，政府当局执行相当严格的开支计划，而这些计划由于税收收入的减少，便会在实际上参与榨取那由于 G 跌到 G_w 以下而产生的储蓄，因而政府也许会决定征收附加税。这就会使得个人和公司把他们的储蓄目标（S_d）往下压缩的意向加强起来。

需要就基本方程式中数值的符号问题谈几句。自战后以来，在先进国家内，国民收入的实际增长率整体说来很少有过负值，虽然"工业生产"不时地有过下降。在基本方程式所规定的一般方法中，G 是和整个国民收入有关的。

如果全部国民收入发生一次衰退，以致 G（实际的）变成负值，则 C（实际的）的分母便自动地变为负值，从而这个不言而喻的方程式中右项的值也变为负值。

实际的 s（储蓄率）变成负值的情形很少发生。美国在 1929—1933 年大萧条的最糟糕的日子里，可能发生过这种情形。如果确实发生了这种情形，则根据储蓄必然等于投资的原理，C 的分子同时变为负值。这么一来，储蓄率由正值变为负值，便使得右边式子的负号仍保持不变。在确定 G 究竟是高于还是低于 G_w 时，必须运用代数值。

在基本方程式中，C 被定义为净资本形成。刚形成的新固定资本的价值中，不仅必须减掉当前存货减少的价值，而且还得减掉以前就存在但尚未更换的固定资本的价值。这个价值，应该按时价用更换固定资本的成本来计算，而不应该用它在以前的"历史上的"生产成本来计算。如果不景气委实严酷的话，则净资本形成（从而储蓄率）可以变为负。

如果衰退率（G 的负值）保持不变，则现有设备中每年所不再需要的设备的比例也就依然保持不变。但是，如果实际的衰退率有所缓和，例如像上面所提出的那样，由于消费者越来越抗拒降低他们的生活水平，那么，需要更换的现有设备的比例便上升。这便产生了提高 C_r 的（代数）值、从而降低 G_w 的（代数）值的效果。这是另一个能够使当前特殊的 G_w 的下降超过 G 的下降的因素。

我们可以按简便的方法并用夸张的数值，做一个算术的举例。从 G=0 时所要进行更换的数值中，减掉那些可以予以废弃但由于 G 为负值而又不可能予以更换的资本的价值。我们可以用设备寿命长度的倒数，来表示 G 继续等于零时所进行的设备更换。

表 3.1　国民收入每年按 t_o 时价值 10 %的恒定的线性下降

(a)		(b)		(c)
为把资本保持在它于 t_o 时的水平所需要进行的更换（以占每一类资本总额中的一个比重来表示）	减	在 t_o 时无须更换的未清偿的资本（以占每类资本总额的一个比重来表示）	=	余下的更换要求［(a)－(b)］
		第 1 年		
资本寿命为 10 年者：$\frac{1}{10}$		$\frac{1}{10}$		0
为 9 年者：$\frac{1}{9}$		$\frac{1}{10}$		$\frac{1}{90}$
为 8 年者：$\frac{1}{8}$		$\frac{1}{10}$		$\frac{1}{40}$
为 1 年者：1		$\frac{1}{10}$		$\frac{9}{10}$

第二年〔采取本表(c)栏中所指示的第1年行动〕

资本寿命为10年者：$\frac{2}{10}$	$\frac{2}{10}$	0
为9年者：$\frac{1}{9}+\frac{1}{10}$	$\frac{2}{10}$	$\frac{1}{90}$
为8年者：$\frac{1}{8}+\frac{1}{10}$	$\frac{2}{10}$	$\frac{1}{40}$
为1年者：$1+\frac{1}{10}$	$\frac{2}{10}$	$\frac{9}{10}$

表3.2　国民收入第一年下降10%、第二年下降5%

(a)　　减　　(b)　　=　　(c)

第二年

〔采取表3.1中所指示的第一年行动〕

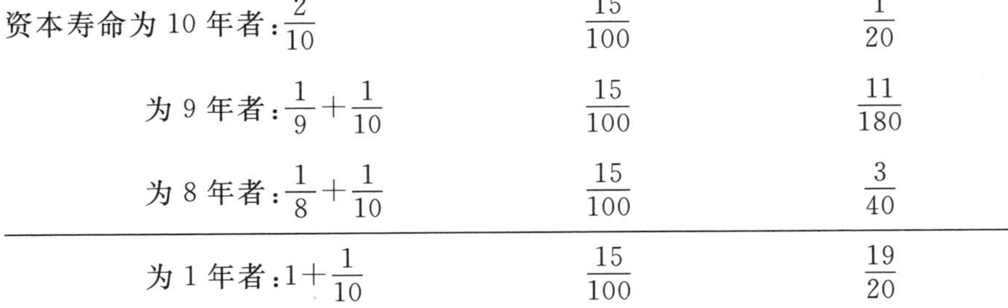

资本寿命为10年者：$\frac{2}{10}$	$\frac{15}{100}$	$\frac{1}{20}$
为9年者：$\frac{1}{9}+\frac{1}{10}$	$\frac{15}{100}$	$\frac{11}{180}$
为8年者：$\frac{1}{8}+\frac{1}{10}$	$\frac{15}{100}$	$\frac{3}{40}$
为1年者：$1+\frac{1}{10}$	$\frac{15}{100}$	$\frac{19}{20}$

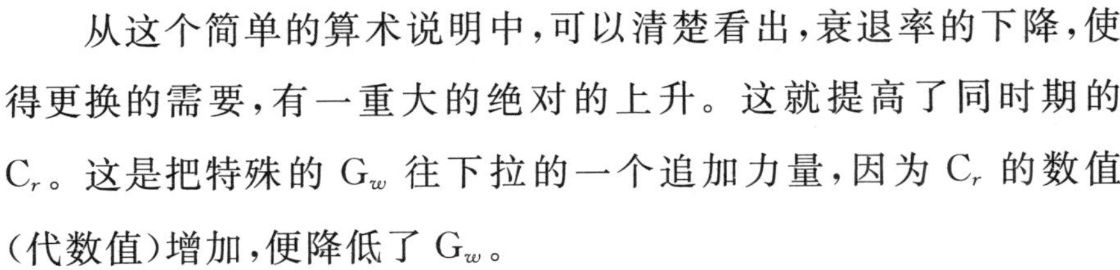

从这个简单的算术说明中，可以清楚看出，衰退率的下降，使得更换的需要，有一重大的绝对的上升。这就提高了同时期的C_r。这是把特殊的G_w往下拉的一个追加力量，因为C_r的数值(代数值)增加，便降低了G_w。

在衰退的下限(如果它确实正常地达到一个“下限”的话)上，则特殊的有保证的增长率将和实际的增长率有同样的值。也许有人乍看起来竟以为，这跟在G_w是“正常”时存在的情况比较起来，

是另外一种均衡。但是并非如此。在不景气下限上的这个位置，正规讲根本不是一种均衡位置，甚至连不稳定的均衡的位置也不是。

在那说明正常的有保证的增长率的基本方程式中，包含有这个观点，即只有在关于不确定的未来问题上总的发生了重大数值或正或负的计算错误时，才会发生干扰。如果没有这些偏差，就能够维持住 G_w 以满足各方面的需要，除非（或者直到）G_w 的根本性决定因素方面发生了变化，例如，技术发明的资本密集程度的平均水平发生了变化，或者是随着时间的推移人们用其连续增加的收入所要购买的货物的资本密集程度的平均水平发生了变化。

但是，在一次不景气的下限上，除了刚刚提到过的根本性的决定因素外，通常还有一些力量发挥作用，倾向于继续改变 G_w 的值。关于那些在衰退期间倾向于缩减诸特殊的 G_w 的完全不同的力量，其中有一些业已谈到过。如果这些力量足以缩小后继的诸特殊的 G_w 和后继的实际的 G 之间的缺口的话，这就将降低诸实际的 G 随着时间推移而下降的速率。在当前实际的 G 不再低于当前特殊的 G_w（不景气的下限）的值的时候，则诸实际的 G 也将停止下降。这一点，应该在一时间图表中用 G 的一水平曲线把它正式表示出来，即 U 型曲线的下限——这是根据不景气下限的定义得出来的——而那表明诸特殊 G_w 随着时间推移的连续值的曲线则往下行进与之相交。这特殊的 G_w 曲线时间图，通常在达到不景气下限之后还继续下降，直到代表实际收入的 G 曲线的上升，开始扭转过去使诸特殊的 G_w 降低的趋向（例如由于境遇贫寒的消费者决定不再像过去那样把收入中那么高的比例部分储蓄起来)时为止。

必须承认,作为一种理论上的可能性,可能出现这种情形:诸连续的特殊的 G_w 的时间图,正好是在它与 G 曲线之间的缺口缩减为零因而 G 曲线变为水平的时候,变为水平的。那大概是非常不大可能发生的巧合情况。万一它发生了,则经济能够无限期地沿着下限颠簸而行。人们会意外地得到一种均衡,它和方程式给正常的有保证的增长所规定的那种均衡相类似。

但是,幸好,它像后者一样,会是一种不稳定的均衡。它也会由于对不确定的未来的重要数值发生全面的计算错误而易遭到离心力的影响。如果这个错误是失之于过于悲观,就会重新再发生一次累进的衰退。我们便根本不会是已经达到"下限"。这种情形似乎间或发生过。我们以为我们已达到下限,但结果表明我们并没有!如果这个计算错误是失之过于乐观,那么便会出现累进的复苏。

应该重复说一下,诸连续的特殊的 G_w 的时态曲线,正好当它跌到 G 曲线呈水平时的那个时候便变得平伏起来,这种不测事件总是一种非常不大可能的偶合,我们不必为它多纠缠。

商业循环现象,是增长过程的一个方面。它有某种相当特殊的特点,这在我从事写作之前的一百多年以来,就一直吸引了经济学家们的注意。人们总是认为存在着偏离稳步的增长率的偏向;但在商业循环中,似乎确有一种累积的过程,这个过程无论在上升阶段还是在下降阶段,都靠自己的势头而继续进行。

在我多年以前从事的研究中,我作为一个理论经济学家,对于从图克经过白哲特到庇古所阐述的关于商业循环原因的说法,都没有很深刻的印象。而后我突然间窥见真谛——那是发生在不寻常的一天的一件记忆犹新的经历(我非常清楚地记得那一天,甚至记得那个时刻我正站在基督堂市我的房间里的那个地方)——并把我的理论发表在一本名为《论商业循环》(1936年)的书中。那本书是快速写成的,只不过是想把我的中心思想(即约·摩·克拉克的"加速论"和卡恩的"乘数"的相互作用问题)用尽可能少的篇幅写出来,供经济学家们讨论。凯恩斯到最后还是对约·摩·克拉克的加速论表示不感兴趣。《论商业循环》一书的日文译本现在还在日本畅销。在那本书中,可以看到有许多思想在我后来论述动态经济学的著作中得到了发挥。但是,在我写作该书时,我还没有这点便利条件,即当时心目中还没有经济增长基本方程式,而这个方程式也是我在不寻常的一天一刹那间获得的。我回想起一位友善的俄国人曾询问我是通过什么样的研究和深思过程才引出我的增长方程式来的。事实并非如此。我想,"深思"一词,是非常合适的。我是在"深思"过程中,突然于一刹那间发现它的。当时并不是在我牛津的书房里,而是在1938年7月间约翰·贝杰曼租给我伯克郡城的一所小屋里。

在各种传统的商业循环理论中间,据我看来,唯有那种认为商业的乐观主义心理和悲观主义心理相互交替的理论有根据。(农业收获循环——难道杰文斯认为它是由月亮诱发的这个见解对吗?——在先进国家的商业循环中所起的作用日益降低。)但是,是什么原因引起常见的乐观主义和悲观主义的阶段呢?人们可以承认它们是有传染性的。但是,如果二者不是各有其基本原因的话,那为什么一个人的乐观主义情绪却没消除掉另一个人的悲观主义情绪，而使得传染根源不复存在呢？

但是，如果实际上存在着一个独立的导致累积的上升或下降过程的基本原因（不稳定原理）的话，那么，由它所诱致的心理上的乐观主义（或悲观主义）情绪，便可能使得累积的上升（或下降）运动要比在没有这一基本原因的情况下进行得更为激烈。

"不稳定原理"，对于商业循环来说虽属重要，但也只不过是我所努力详加阐述的经济增长理论的一小部分，而且很明显，也只不过是那最终将作为经济学教科书中一个被公认的学说加以陈述的增长理论中的一小部分。而且，它还只不过是我们从研究增长基本方程式中所能学到的东西中的一小部分。

关于不稳定原理，还有最后一点需要加以论证。新古典派经济学家们，如果我了解得不错的话，已力求证明：如果发生了偏离均衡增长的偏向，则必定会有某种价格机制来恢复均衡。这是照微观—静态领域中的过程进行类推的：按照微观静态理论，如果一特定商品发生了生产过剩或生产不足，则因此引起的价格的下跌或上涨便会把它的生产恢复到它的均衡水平上去。而事实上，经济增长中所包括的诸过程却和微观—静态中的诸过程截然不同。

有人所指靠用来恢复有保证的增长率的，并不是价格而是利息率（一簇利息率）。实际情况是：利息率在景气时趋于上升而在不景气时则趋于下降。

在景气（向上偏离了有保证的增长率）时期，要么是储蓄将大大超过个人和公司认为他们所需要的程度；要么是现有实物资本将少于生产者和商人认为他们当前所需要的数额；要么更可能是两种情况兼而有之。储蓄过剩，就将倾向于使得储蓄者把比往常更多可处置的资本抛到市场上去；而现有实物资本之不足，则将倾向于使得那些使用实物资本的人争相出价购买比往常更多的可处置资本。市场利息率的上涨，意味着储蓄的过剩程度还小于实物资本的不足程度。

我们是在按照新古典派的理论讨论问题。而照凯恩斯理论说，在景气中利息之所以上涨，是由于某种完全不同的原因造成的，即由于当局未能按景气期间产成品的增加率乘以可能发生的通货膨胀率来提高货币供应的增加率。

回到古典派理论上来，则认为利息率的上涨，将刺激可处置资本的提供，而抑制对它的需求，从而使二者达到相等。但是这个意思并不是说经济增长率又回到它的有保证的增长率的水平上。相反，它还将高于它。并没有回复到以前的均衡。储蓄将比以往要多，对实际资本的订货也将如此。这么一来，我们所得到的某种趋向，便截然不同于微观—静态学所论证的那种回复到均衡位置上去的趋势。

现在，还可以就利息率的影响问题谈点意见。在我看来，利息率的提高在比较短期内是否有增加个人或公司储蓄的明显倾向，似乎非常可疑。在实际的增长向上偏离有保证的增长的累积过程中，我们所研究的是一个比较短的时期。个人都有他们周密的储蓄计划——他们的保险费储蓄等等。他们并不会因利息率的变化而每隔几个月就修订一下计划。而且，就是修订的话，朝什么方向修订也很难确定。正如众所周知的那样，利息率的上涨，可能会使得他们的储蓄比在利息率不上涨的情况下更少些。他们对退休金的需要或者对攒钱留给其子女的需要，可能是无弹性的。如果一个人的收入在一次景气中增长了，他便可能想给他的退休储金增加 k 镑。利息率愈高，则他花在该项目上的钱便愈少，以致利息率的上涨（如果发生这情形）竟使得他的储蓄比在利息率不上涨的情形下更要少些。

公司是处在可处置资本的市场的双方。如果景气使得它们感到实物资本短缺，它们完全可以比在其他情况下少分配些而多储蓄些。在大赚钱的景气期间，许多公司竟会实际上减少分红——这种情况看来不大可能会发生。尽管它们自身的需要可能会使它们在分配红利问题上持保守态度，但是，要说单是市场利息率的上涨本身就使得公司会比在利息率不上涨的情形下（把红利）分配得更少些，这种情形看来也不会发生。

最后，我们着手讨论高利率对于公司增加实物资本的计划的影响问题。应该记住，就绝大多数（几乎所有）企业说，其资本市场都是不完全的。如果利息率上涨是由于从货币资本供给的正常来源那里进行借贷更加困难所造成的话，这就的确可能限制它们的实物资本形成计划。在这种情形下从通常来源进行借贷究竟是否会更加困难，这将主要视货币当局就货币供给采取什么措施而定。对这个问题的讨论会把我们带入凯恩斯派的领域，而这个领域在讨论新古典派理论时又是不许进入的禁区。

那些争辩说有保证的增长轨道的均衡并非不稳定的人，好像是依赖于这个论点：高利息率将使得生产（和分配）过程中所雇用的资本和劳动的组合，发生有利于采用劳动的变化。这个观点是根本讲不通的。应该记住，由于实际的增长率向上偏离了有保证的增长率而发生利息率的上涨，是一种相当短暂的现象；当实际增长率回到有保证率的时候，利息率大抵将回复到它以前的水平上。在对各种供选择的生产方法的成本进行估价时，企业常常总有某种标准利润率，这种标准利润率把利息包括在内，因为企业都把利息追加到投入的成本中去。若说它们将按照市场利息率的短期变动来改变这个标准率，这种情形，极其不大可能发生。当然，如果说市场利息率上涨得相当可观，而且持续一个相当长的时期，像最近(1971 年)的情形那样，那便可能使得企业去提高标价。但是，即使它们这么做了，对于它们在那些有着不同的资本—劳动组合的供选择的生产方法中间，要就哪一种生产方法效率最高做出决定，也不大会有任何明显的影响。利息，并不是成本中一个举足轻重的成分。

的确，在大小企业之间，犹如在不同国家和不同时期之间一样，劳动—资本的组合都会有很大的差别。这些差别，是由技术利用的程度不同所造成的，或者是由市场大小的不同而造成的，而在大多数情形下都不是由利息率的差别造成的。在 19 世纪后期，美国渐渐形成了资本密集程度比英国更高的生产方法，虽然那里的利息率一向比英国高。

我深信，那种认为自由放任资本主义的有保证的均衡增长率若不加以管理或干预便不稳定的理论，是牢固地站得住脚的；我深信这是对商业循环的基本解释。

还有一个更深一层的问题，即自由放任资本主义是否有把经济推进到一个充分就业的位置上去的趋势。凯恩斯的中心学说，正是认为自由放任资本主义的趋势并非如此；这一点我是赞同的。表明失业时期颇为冗长的实际经验材料，也说明自由放任资本主义的趋势并非如此。但是，即使它是如此，那也不会确保增长与生产能力相一致。倘若生产者预期较低的价格并不会刺激需求，使其足以吸收追加的产出量的话，他们便不会摒弃现有的生产方法而赞成可以提高个人平均产出量的新方法。所以，即使达到充分就业，也还可能并没有达到可能达到的增长。

第四章　资本—产出率

资本—产出率，乃是经济学著作中越来越经常使用的一个术语，但往往用得并不明确。要为它提供一个确切的定义，并不是一桩轻而易举的任务。人们可以通过先考虑资本—劳动率这个同类性质的概念来探讨它。

在这个术语中，劳动被视为不仅包括有赚取工资的要素，而且还包括有当前对生产过程的各种投入。我们可以通过考虑生产过程资本密集度这个更为一般的概念来探讨它。

有两种衡量资本密集度的主要方法，我们可以分别称为奥地利派的方法和马克思主义的方法。不管是对既定时点上的各种产品进行比较，还是对既定商品在不同时点上的生产方法进行比较，抑或是对在一定时间内生产一定商品的各种可供选择的有效方法进行比较，这两种方法，都应该对资本密集度的高低程度规定同样的次序关系。

按奥地利学派的方法，便没有“比率”。他们是用所有各种生产资源的投入和打算用它们来生产的产出之间的平均时间间隔，来衡量资本密集程度的。据说时间间隔愈长，则这种生产方法便具有更高的资本密集程度。

如果使用了固定资本，则应该把为生产那个资本所需要的投入,包括到平均时间间隔的计算中去;这正是这种方法的实质所在。在运用资源来生产固定资本和把这个固定资本所要制造的产品最终生产出来之间的时间间隔,在正常情形下大抵上都将大于使用固定资本的劳动和产出之间的时间间隔。于是,如果按 A 种方法生产一定对象所使用的固定资本额,是大于按 B 种方法所使用的固定资本额的话,则时间间隔很可能要长些。

在政治经济学中,那种只生产一特定对象的投入和那种生产一系列对象的投入之间,有着传统的区别。因此,要想在后一情形下对平均时间间隔做出精确的估计,就必须要能够准确地计划好由于有给定的投入而获得的产出流将继续流多长时间。其他的测量方法也将遇到这种困难。

有些人原则上反对时间间隔的概念,其理由是它难免引起无穷的回归。采煤机必须用钢来制造,而钢又必须借助于煤才生产得出来,而煤又反过来需要机器——或者一把原始的斧子——来生产它,这样循环往复,以至无穷。这种反对意见,实在是没有根据。人们越是朝后推算,则当前产出中归属于过去一段时间的投入的比例便越小。这便可以总合成为一个无穷递减的级数。

然而,应该承认,时间间隔的概念并不是非常方便,随手拿来就好用的。它之所以有价值,倒是在于它提供了一种弄清思想的方法。利息是对等待的报酬。一既定物品的投入和产出之间的平均等待(时间)愈长,则该物品的价值中的利息成分便愈大。

在我们称为马克思主义的方法中,我们用来测量资本密集度的是一个比率,即物化劳动对活劳动的比率。自然,我们应该在最广泛意义上来使用“劳动”这个词,就是说,要把所有各种投入都包括在内。任何有用的物品,一经被过去的投入弄成它现在具有的样式,便把劳动"物化了"。这些物品,不仅包括固定资本、房屋等等,而且还包括(生产)过程中的、运送途中的以及零售店中的货物,直至它们因"使用"而被最终破坏掉。依照惯例,已到达最终购买者手中的可移动的物品——如家具、衣橱里的裤子等等——都要排除在外,尽管它们往后还有一段有用的寿命。这种排除的做法,可能变得有点儿不保险,因为现在购买古玩的做法已如此广泛盛行,但这并不是为了自己享用而是作为防御通货膨胀的屏障。

在所有这些情况下,都应该在生产进行期间把资本的账面价值压低。这样,如果一件物品已经干了一半期望于它去干的有用的工作,那么,就应该认为它把一半用于制造它的劳动物化了。因此,这个测量资本密集度的方法,也要求洞察未来。无疑,在会计实践中,使用的都是任意的,而且通常都是保守的折旧率,但是,这与我们现在的分析没有关系。

为了用一个数字来表示"活"劳动量,我们便必须选择某一任意的时期。一般使用的,是一年。因此,活劳动量被说成是在一年期间内的全部投入。这里面包括有那些用于创造新资本的或更换已耗损了的资本的投入。

由于投入是各种各样的,所以为了获知为创造一特定产品或为创造国民收入所需要的活投入的数额,就必须确定好各种投入之间的相对价值。至于在所研究的时期以前业已物化了的劳动,则各种各样的投入可能在它们被物化的时候已有了各种相对价值,不过跟它们现在的各相对价值不同。严格说,在估计物化劳动的总值时,对旧的投入应该按照它们的现行价值来重新定价。这真是一桩非常艰难的工作！幸好在C的里面（到时候我还将回过来谈它），我们所关注的只是这个时期内物化劳动的增量，因而还不致发生重新定价的问题。一国的资本价值总额的概念，常常用K来表示，它在统计上是难以处理的，于是我在我的资本增长理论中便没有采用它。但是，在有些著作家的著作中，它却占据着突出的地位。

要强调的是，资本—劳动率是一种有用的武器，用来对生产一给定物品的各种可供选择的方法进行比较，用来对生产不同物品的诸方法进行比较，或者用来对生产一给定对象的诸方法在整个时期所发生的变化进行比较。总的说来，它对于整个国民收入来说是一件没有用处的工具，但它还可以用来对不同的国家进行非常粗略的比较。

在这里，还必须就土地和矿藏问题谈点意见。我经过考虑之后认为，在传统经济学中，这些都是不算作资本的。在由"自然的和不可毁灭的地力"决定的土地价值和由于过去改良而得来的土地价值之间，也存在着古典的差别。这个差别是绝对难以处理的。这样就使得更有理由把K完全排除在基本增长方程式之外。但是，在评估当前时期已物化到土地改良中去的劳动量时，并没有什么不可克服的困难，就如同评估C时所要求的那样。

另一方面，把土地对当前的产出所做的贡献，包括到活投入中间去，是恰当的。这种做法，可能貌似荒诞而实则合理。但是，如同已经解释过的，当前时期的一切投入都应该计算为"活"投入。各种各样"活"投入，从不熟练劳动到管理的劳动等等，都必须彼此相对估价。当前投入中由租用来的土地所贡献的价值，可以用租金计量。如果土地是耕者自有的，则其可租到的价值，可照此类推来估价。当租金由于租期长而降到了其实际经济价值以下时，也应该做类似的估价。

这么一来，我们便可以把资本—劳动率定义如下：

$$\frac{\text{物化投入的价值(降低了的账面价值)}}{\text{每年活投入的价值(包括土地的使用)}}$$

我们可以转过来讨论资本—产出率。在讨论资本—劳动率时，我们了解到必须确立各种投入(既有活的也有物化了的)的相对价值；而在讨论物化投入时，如果这许多种投入的相对价值自从它们被物化了以来已经发生了变化，则必须对它们进行重新估价。由于有资本—产出率，我们便遇到一系列新问题。资本—劳动率的分子和分母，都是同类东西——投入——的总量。但资本—产出率的分母，却由和投入完全不同种类的东西，即由商品和服务所组成。因此我们还必须为衡量投入和产出的相对价值，寻找一个共同的尺度。

这就使我们遇上了关于价值的最好尺度——是劳动尺度还是货物尺度——的老问题。严厉的李嘉图派以及我们当代的拉尔夫·霍特里爵士已痛感需要一个劳动尺度。这意味着在整个经济中，商品和服务的价格将严格按照平均单位投入的产出量增加的比例，即严格按照生产率平均增长的比例而下跌。这个意思是说：各种投入的平均报酬率，在整个时期内定会保持不变。我们不必详细讨论哈耶克教授那个更加苛刻的要求，即在一给定的经济中，价格不应按照每人产出增加的比例下跌，而应按照产出总量增加的比例下跌，使得在人口增加的同时，价格下跌的幅度会比在其他情形下更大些。这就意味着各生产要素的货币报酬，在整个时期内都会持续下降。

按照比较温和的李嘉图一霍特里计划，有着稳定的货币报酬的各生产要素，总会通过价格的下跌而提高其实际的报酬水平。

在地方性的通货膨胀时期，如果我们能够达到物价稳定——即用商品作为价值尺度——这个目标，则我们将感到庆幸。那时，各要素的货币报酬便与全部生产率的平均增长成比例地提高。让我们按物价稳定制度下的情形来进行讨论吧。

应当注意的是，各种报酬，包括利润在内，其实际价值都按照与商品和服务的产出相同的增长比例上升。在价格稳定的制度下，诸报酬的货币价值均按此比例增加。

我们迄今还没有讨论利润问题。讨论它会遇到困难。它显然涉及产出的价值问题。有与它相应的投入吗？若没有服务，则显然没有利润产生出来作为报酬。另一方面，它或者至少有一部分是一种剩余。这就使得难于对服务进行估价，因为一经提供了服务，最后终将给它支付一笔说不出名堂的报酬。

处理这个问题的一种方法，也许是把这种用利润作为其报酬来支付的服务——我们敢把它叫作企业吗？——看作是在产出增长的同时所提供的一种活的投入。这就主要依我们所力求为之确定资本—产出率的领域为转移。我们已经看到，资本—劳动率这个概念，如果运用到整个经济上来，并不是很有帮助的。因为评估K的值，即评估整个资本的价值是很困难的。

如果我们所考虑的是一个特定的企业或者行业，而它又是从另一企业或者行业购买物化劳动，那么，它所购买的物品的价值中将包括有利润。这么一来，则所有利润中将有某个部分，计入物化投入的价值之中，而服务的活投入用利润作为其报酬来支付的活投入，则可把它看作是与这些购买同时发生的。总利润中，也可能有某个部分不可能用此方法处理或者不能恰当地包括到资本—劳动率中来。但是，所有利润，都加入到产出的价值中来。让我们把这个部分称为“剩余的利润”。

我们可以把资本—产出率定义为：

$$\frac{\text{物化投入的价值(降低了的账面价值)}}{\text{活投入的价值}+\text{“剩余的”利润}-\text{更换的价值}}$$

更换部分，必须从分母中减除掉，因为用于更换部分的活投入，仅只有助于使物化投入的价值(降低了的账面价值)保持完整无损。它们抵消了当前由于磨损、毁坏和陈旧而从物化投入中渗出了的投入。它们对于当前产出的增长，并无贡献。除非剩余的利润是按一种和其他各项不同的速率增进，则这两个比率便可望一道运动。

要注意的是，资本—劳动率，和经常广泛使用的每人平均资本价值的概念(一种混杂的见解)完全不同。在一个每人平均产出额正在提高的经济中，谁都会预期每人平均资本率也会提高。然而，西德尼·温特劳布教授却提出了一个令人惊讶的统计计算，它们似乎表明在美国这样一个高度资本化的国家，人均资本在30年代和40年代中竟有过下降趋势达十多年之久。[①] 这意味着在这个时期美国的技术进步一定是极为节省资本的。因为，随着技术进

① 温特劳布：《工资理论与政策的某些方面问题》，1963年出版，第106页。

步，每单位物化投入的价值便提高，而要使得每人平均资本的价值不提高，则各种发明就得是大大节省资本的。

实际上，可以做出一个合情合理的解释，这个解释也许还是正确的。也许，在这个时期，在生产固定资本的方法上所取得的技术进步，比在使用固定资本的方法上和提供服务的方法上所取得的技术进步更快些。这就会使得物化劳动量较之活劳动量减少了，而且它若减少到足够地步的话，它便能够降低劳动人口每人平均的物化劳动的价值，尽管每一单位物化劳动的价值还在继续上升。于是年龄分布的问题，也就出现了。

技术的进步可以是节省劳动的、中性的或者是节省资本的。这里有一个关于给中性下个最好定义的问题。在拙著《动态经济学导论》(1948 年)中，我提出过一个定义。我把它定义为这么一种技术进步，即它是一种不会干扰我在这几页里所称呼的资本—劳动率，并使生产过程的长度保持不变的技术进步。我曾写道：

> ……显然，在这种情形下，存在一个正确定义的问题。谁的定义都应该措辞恰当。同样，定义对于我正打算用来研究动态问题的那种方法几乎是必不可少的工具；而且无论是基于逻辑学还是经济计量学的理由，对于我的定义都还有许多意见要发表……一批批的技术发明，如被定义为中性的，则设若利息率不变，便将使得国民总产出在劳动(最广泛意义上的)和资本之间的分配保持不变。在利息率没有发生累积变化的一段时期内，技术发明的主要特性，可以通过对资本价值的增长和收入的增长进行比较的办法测量出来。每个行业和

每家厂商都可分别做到这点。

接着有一节是关于我们在这几页另一地方讨论的折旧问题。我将继续引用我的早期著作。

希克斯先生在其《工资理论》一书中，提供了一个多少有所不同的关于中性的技术发明的定义(原书第121～127页)。他把它定义为一种按同等比例提高劳动和资本的边际生产率的技术发明。这个定义虽属合理，但有许多原因使得它并不适合于我的目的。我的定义的特点，可以通过与他的定义做一番比较来加以阐明。

(1)希克斯的定义，使得技术发明的中性依各种弹性为转移，即依其他行业的资本与劳动之间的替代弹性为转移，以及依整个经济中对于在不同程度上使用这些技术发明的其他产品的需求弹性为转移。这样，技术发明的中性，便依与技术发明本身所固有的特性完全无关的环境为转移。我的定义却唯独根据技术发明本身来决定问题，正因如此，所以在初次探讨一个巨大研究领域时，它是一个更加得心应手的工具，因为这里所需要的是最大限度的简明。

(2)希克斯先生曾把他的定义跟庇古教授[①]更早些时候提出的一个定义加以比较。庇古的定义，使得中性依赖于社会可得到的资本和劳动量不受技术发明的影响这个假定所发

① 《福利经济学》(第2版)，第632—638页。

生的情况为转移。庇古教授从“劳动”与整个社会之间的利益和谐一致这个更广泛的问题着眼,来着手考虑如果要素的供给改变了,将会因此产生什么后果;但是这个分析并没有被用来修改这个定义。希克斯先生似乎并未去解决究竟应把要素的供给设想成一个什么状态的问题。但是,在假设供给是绝对无弹性这一点上,无论他是否被认为是追随庇古教授,其立场都同样是不能令人满意的。

要假设在所有情况下供给都是绝对无弹性的,那是有点不现实的。另一方面,不管实际的供给弹性随时可能出现什么情况,在确定一项发明究竟是否属于中性时,都必须对它加以考虑,这就再度使得关于中性的定义不是取决于技术发明所固有的性质,而是依赖于完全外在的因素了。

此外,这两种假设,实际上乃至整个研究问题的方法,对于一次性的技术发明(静态分析)虽然是完全适用的;但对于随时间推移而连绵不断的新发明的流,却是不适用的。

在静态的思维体系中,把要素的供给曲线假定是确定的,并且把边际生产率设想为受供求曲线的相交所支配,这是恰当的。一项起一次作用的技术发明,导致价格发生一次性的变化,这个价格的变化通常既决定要素的供给发生一次性的变化,而且也通常被它所决定,因为供给曲线被设想为保持不变。

当我必须考虑那面临着资本增长(即连续增长的正储蓄)的新技术发明的流的时候,便需要有一种不同的方法。我们应该记住,均衡的力量,可能不像在静态分析中那样是一种价格(或一套价格),而是某个价格变化率。

(3)在为了给中性下定义而选择一个假设时,人们必须在假设要素的供给固定不变或者假设它不断增长这二者之间进行选择。关于供给曲线恒定不变的旧式假设,是不适当的,因为这只与一次性的价格变动有关,而这个变动在动态经济学中并无重要意义;换一种说法,该曲线的一个坐标是价格,而不像动态经济学所要求的那样是价格的变化率。

假设要素的供给在整个时间内都恒定不变,这不仅对于我们所感兴趣的任何一种经济来说都是极为不现实的;而且还给关于中性的定义提出了一个复杂得多的问题。因此基于两个极好的理由可以拒绝接受它。

既然我已选定用探求什么样的资本增长率才会与制度其他部分的某种增长率相一致的办法,来研究动态问题,那么,把中性的技术发明的流定义为一个要求资本增长率与它所产生的收入增长率相等的技术发明,似乎是最简单不过的事了。如果技术发明的流,要求资本以较大的速率增长,那么,它便是节约劳动的或者是费资本的;反之亦然。利息率被假设是恒定不变的,因为它比假设利息率是变动的要更简单些。

(4)如果利息率恒定不变,则一项技术发明是否属于中性,依据我的定义,当参照资本系数所发生的情况来决定。按静态经济学的说法,这意思是说:按现行的利息率,资本的供给有无限弹性。自然,我的定义并不假设供给是有无限弹性的;但假如它有,那么,便可能利用它来把所有出现的形形色色的技术发明加以分类。那些追随凯恩斯而坚持主张除了在充分就业条件下，资本的供给在给定的利息率下实际上有无限弹性的人们，就一定会为我的定义在经济计量上正确可靠而给它一个特别优秀的评分。

(5)看来好像不能够说，究竟是希克斯的还是我的定义能把更多的实际技术发明装进到节约劳动的匣子里去。他的定义，部分地是依赖于外在的环境，而我的则只依赖于技术发明固有的特性。我无法想出任何办法，有可能使我们两个人的定义中间任何一个定义会装得更多些。

我希望——可能离题——我已经是在给经济学所需要的那种革命提供一个朦胧的概念——我自己只是朦胧地意识到这种革命。庇古和希克斯的那些锐利的思想工具已经如此美妙地运用到完全静态的经济理论领域，我现在想要看到这些思想工具被应用到李嘉图的粗糙的动态经济学中来，从而使后者完全改观，如同现代的边际分析早就已经把斯密和李嘉图的价格与成本理论改变面貌了那样。这就使得经济学非得来一番相当大的改写不可。

不应该误以为定义所规定的中性的技术发明，就是最可能出现的那种技术发明。在我的定义中，或者在其他人所提出的定义中都没有以此为先决条件。然而，允许我顺便说一下，我并不觉得近几年来，技术发明大都具有一种特性，即倾向于提高按不变利息率计算的并由它决定的资本系数；我也并不觉得技术发明大都是依定义规定的那种意义上的节约劳动。

由于人口停滞不变而技术却稳步且中性地进展，则所需要的新资本，在任何时候都应当是收入中的一个与收入（或产出）的增长相等的常分数部分，它被认为是总收入的一个分数乘以资本系数。在计算产出的增加和计算资本系数时，都应该使用同一时期。

如果 a 是人口以给定的 X 速率增加而技术停滞不变时收入中需要加以储蓄的比例，而 b 是人口停滞不变但技术的进步使得产出能够以 Y 速率增加时收入中需要加以储蓄的比例，那么，当人口既增加 X 而平均每人产出量增加 Y 的时候，则收入中需要加以储蓄的比例便将是 $a+b+ab$。ab 很可能是一个非常小的量，而且无疑可以略去不计。

如果新技术发明和改革的流从总的平均情况讲是属于费资本的，则与之相结合的将是一个比它们是中性时更低的有保证的增长。如果需要把可得到的储蓄的一部分用来给资本密集度更高的生产方法提供资金，则剩余下来用于扩张提供资金的，将不那么多。

一个既定的有保证的增长率，可以与失业，甚至与不断增长的失业相结合吗？看来似乎可以。这个问题，当我们考察有保证的和自然的增长率之间在各种不同的环境下相互作用的时候，将需要彻底地进行探讨（第七章）。后者的一个主导的决定要素，便是劳动适龄人口的增加率。而不稳定原理，如同上一章所解释的，仅仅与有保证的和实际的增长率之间的相互作用有关。

关于在均衡条件下除了纯粹摩擦性失业外还存在相当数量的正失业的想法，自然是和凯恩斯的宏观静态经济学相一致的。但是根据动态理论，失业的池子不见得会长期保持停滞。可能会发生某种情况，引起实际的增长率偏离有保证的增长率而往上升。经济将移向充分就业的顶点；但它由于上一章所陈述的理由而可能达不到顶点。在许多情形下——这要视有保证的和实际的增长率之间的关系如何而定——充分就业的条件即使达到了，也可能是极其不稳定的。这不仅是动态经济理论所要求的，而且似乎是与资本主义经济的许多经验相符合的。这与一种旧式微观静态经济学的学说所说的工资不能往下跌，毫不相干。凯恩斯在其宏观静态经济理论中坚持认为，往下调整工资，并不见得会促使失业有任何重大的减少。他的这个见解是对的。

这里还存在一个问题，即究竟是什么东西决定着各种活投入的相对价值。在这里，传统的微观静态经济学很有用处。有市场上的供求力量，如果不受阻碍的话，便由这些力量来确保帕累托的最适宜条件。它们相互作用的结果，可能被垄断条件所改变。在动态经济学中，我们必须考虑垄断的程度究竟是在增长抑或停滞不前。我认为还有第三种重要的力量，即历史的传统。它是由一个多世纪以前发生的事件所引起的，可以影响到现在。在过去漫长的岁月中已确立起某些规则，照它们规定，如工匠A当时被认为应得到比工匠B高出10%的工资，则这个差别便一直保持到现在。当工匠A的报酬率提高了的时候，则工匠B的报酬率也按同一比例提高，而不管市场力量有多强大，也不管那些维护工匠A类型雇工的工会，和那些维护工匠B类型雇工的工会比较起来有多么强大的垄断力量。对于后者来说，由于它和工匠A的工资增加相关联，其工资便自动提高，而不管市场力量或者垄断地位对于工匠 B 类型工人是有利还是不利。

在有保证的增长的均衡中，C_r 是与增加的资本—产出率相关的。它是按当前价值来测量的；因而，它不受对资本资产做事后再估价的影响。假使在相关的过去这段时期发生了偏离有保证的增长均衡的偏向，则它对 C_r 的影响，将像上一章所描述的那样。

第五章 利息

古典的利息理论认为，利息乃是使资本的供给与其需求相等的那种价格。说得更确切些，你应该用“可处置资本”一词来取代上述的“资本”一词，而如同我们业已解释过的那样，让“资本”一词仍旧去描述那为了未来的产出而把各种投入物化于其间的物质对象。

有些作者也喜欢引用“人的资本”，把教师和教练员的工作，看作是对那些受教育者的投入，这些投入将使得他们到将来能够比他们未受过所说的这种教育和训练时生产出更多的东西。这里我们也有一个倒推的问题。存在那些培养教育者的人的劳动，还可照此继续往回推。这是一个很好的类推法，但对我们的帮助却有限。不过它有一个重要的用途。若政府可以得到的可处置资本数额有限，它就应该确保以一个恰当的比例用于教育和技术培训，这样做是必需的。但是这里有一个差别：那些负责进行这类投入的人们，自己通常并没有收回那些受教育者所提高了的产出量所代表的价值，正是这个差别使得利息的概念不适用于这个领域。这种情形也适合于某些物质对象范畴，像公园等等。不应该把所有的教育，都看作是可处置资本的一种投入。教育中确有那么一些部分，它们把受教育者训练成为更好和更聪明的人，成为对自然和艺术的美具有更高的欣赏能力的人,成为在社会交往中其行为促进和平与和谐的人;这一来,我们便从经济学的专门领域,游荡到更为广泛的社会学领域。

在需求方面,那些进入市场的人,需要有可处置资本,以便能够为把活投入物化为生产资本提供资金,而生产资本只有在晚些时日才提供产出。要理解他们为什么准备为此支付一笔代价,是很容易的。为了对消费品资本进行投资,也有对可处置资本的需求。它采取可以统称为消费品信贷的各式各样形式(见下面)。在这次对利息的性质问题进行非常一般的讨论中,我将暂时把各种借款——短期、中期、长期,等等——与换取证券而获得的可处置资本之间的区别,都撂在一边存而不论。

何以供给者并不满足于在晚些时日收回他的可处置资本,而满足于不过是一种并不过分的交易服务费呢?供给者有一种时间偏好。他被要求用手头现有的价值去换取将来某日的价值。他宁愿选择现在手头持有价值,若是要求他牺牲这个而去换取未来的价值,他便需要一笔相当可观的酬金来诱致他这么做。而利息,我们已经讲过,正是对当前节欲的报酬。

这个时间偏好有两个方面,这两个方面,应该严格加以区别,但经常并非如此。一个方面,是庇古所说的“缺乏望远镜的能力”。人们对于在将来某个时日拥有一定数额价值时的乐趣,常常不能够像他们对于现在能获得同样数额价值的乐趣观察得那么清楚。与此有密切关系的是无理性欲望,这是一个感情冲动问题。大卫·休谟说过:“理性是,而且应该是性欲的奴仆。”在这方面,这个“应该是”是否妥当,我们一会儿将加以讨论。

另一个方面，曾由欧文·费雪令人钦佩地陈述过，乃是收入的效用递减。如果社会中人均产出逐年增长，那么，总的说来人们将预期在未来的岁月里会有更高的收入。用现在一定数额的价值去交换未来时日的同等数额价值，对于那些期望在那未来时日会有更高收入的人们来说，并不是一桩好买卖，因为到那时候，一镑收入的边际效用将降低。为了诱致他做成这桩交易（如果是有头脑的话），便需要让可处置资本的供给者有一个回收的或者一个可以回收到的价值余额。那个余额便是“利息”。自然，有些人，就像几乎所有大学生那样，没有一种在那或多或少已发达了的国家中可行得通的利息率，能够诱致他们为了未来的增息而把他们的一部分收入储蓄起来。一般大学生，除了少数继承了巨额钱财的以外，都认为，譬如说，毕业 20 年后他们挣得的收入将比现在多得多；为了给他们在将来的岁月里稍许增加点收入竟把他们大学生的俭朴开支再加削减，对于他们来说毫无意义。除了有乐观主义和悲观主义的商业循环外，绝大多数的人对于他们自己的前途都是相当乐观的。自然，也有例外的典型。我结识了一些非常卓越和有见识的大学生，他们曾向我吐露说，他们绝不可能赚得到钱，而且即使能够赚到，他们也极不愿这么干。我该推想这种出类拔萃的类型在旧世界要比在美国少一些；但是我对此没有把握——要进行一次统计调查可能很困难，因为在美国有独立生活手段的人简直多得多。

还有那些处于相反境遇的人们，对于他们来说，在赚钱能力下降后，收入下降的前景便变得事关重大。这些人应当有所储蓄，即使是可处置资本没有利息率也得有所储蓄。如果单是这个阶层的人们就能够满足所有可处置资本需求的话，那么，就不必要有正利息率。但是，你必须采用全部人口的形式。如果在人口中，那些在仍能预见到在他们的余生中收入总的说来会增长的人们所占有的比重，大于那些预见到在他们的余生中收入总的说来要下降的人们所占的比重的话，则根据收入的效用递减的原理，便要求给资本供给者提供一个正利息率。

我们必须回到现今如此广泛风行的消费信贷问题上来。这是一个把多少是耐用消费品的成本从当前进一步延伸开去的问题，这些耐用消费品可供在一个时期内享用。许多消费者，以其当前的收入很可能支付不起这类货物的全部成本，又不过多地追求非耐用货物的消费。很自然，他们定会乐于为享得无须给耐用消费品全部付现款的好处而支付利息。这并不取决于他们预期到他们的收入在所说的这个时期内究竟是增长、停留不动抑或下降。实际上在以这种特殊方式运用可处置资本的市场上，利息率常常是过高的。这也许是因为这种市场比起生产和商业所需要的那种可处置资本市场来，历史要浅近得多。到时候，消费信贷的利息率在竞争的影响下无疑将下跌；但这需要时间。

可处置资本是由个人、公司和政府机构的储蓄产生的。每当某一特定生产行业结束时，储蓄也可能来自未用于更换设备的折旧基金。一个社会中的总投资等于总储蓄。银行，如同公司一样，能够通过不把它所实现了的利润全都分配给股东的办法，来为储蓄做出贡献。但是，它们并没有因增加它们持有的各种证券或者通过借钱给顾客而使总储蓄增大。有时候，在这个问题上存在着混乱思想。

银行可能通过采取更乐于贷款给顾客的办法来鼓励投资，这些顾客本来要进行投资却由于缺乏可供利用的资金而退缩下来。应该经常记住，资本市场是一个不完全的市场，中央银行通常是通过它自己的业务活动，以及通过各银行恪守法定的或常规的现金率，来支配各银行的贷款意愿，使它们的意愿变得更加松动或者更加坚韧。

再说一遍，银行增加发放贷款，并没有因此而直接产生出追加的储蓄。它们对发放贷款采取的松动态度，可能引起某些投资要进行，而这些投资否则是不会进行的。但是储蓄必定常常等于投资。这就是一个貌似荒诞实则不谬的道理。

在取得稳步发展的情形下，总投资(包括由银行贷款所资助的投资在内)的增加，将和储蓄的同等增加一道进行，这是不成问题的。但是假设银行的借贷往上增大，那么由银行所资助的额外投资，马上就将完全被存货的耗光所抵消，以致整个经济将没有净额外投资；那些因额外投资而新近就业的人们，将花费掉他们的一部分收入，而这将消耗存货。但是，到一定时候，就将采取措施来增加消费品的川流，以便不仅满足那些因追加投资而获得工作的人们的需要，而且还满足那些生产额外消费品的人们的需要。这就是卡恩著名的“乘数论”。支出增加的良性循环一直进行下去，直到那些新近就业或者延长工时的人们的储蓄，还有他们的雇主们的额外储蓄，加总起来，等于银行所鼓励的额外投资的价值再加上因消费水平的提高而可能需要的额外存货的价值时为止。

当银行放宽货币时，它们不仅可以给顾客贷放得更多，而且还购买票证和债券。这两个进程都必然要增加货币的供给。这两个

过程中都引起银行和非银行公众之间的资产交换。这个交换，提高了非银行公众所持有的货币对非货币资产的比率。

这便把我们径直带到凯恩斯的利息论——他整个体系中的一个中心部分上面来。设若货物流通速度恒定不变，则公众所持有的货币供给的增加，通常将大于他们为使货物流通所需要的数额，而他们的非货币的资产存货将缩减到它以前的水平以下。他们并不要求有这种情形发生；而这种情形，却由于比如说银行的活动而偏偏在一夜之间发生。非银行的公众将通过争购债券等办法力求把货币和非货币资产的比率，恢复到它原先的水平或趋近于这个水平。虽然某些个人可能遂其所愿，而非银行的公众整体说来却办不到，除非（或者直到）银行开始朝相反方向采取行动并且缩减货币供给。公众手中的货币数量已增加了，非货币资产数量却减少了，情况就是这样。同时，非银行的公众要想把他们的非银行资产恢复到所想达到的水平的企图，将会抬高这些资产的价格，从而压低利息率。这就是凯恩斯关于利息率如何决定的理论。他的“流动偏好”，关系到人们在其总资产中想要以现金形式持有的比例以及他们想要以各式各样有价证券形式持有的比例。银行系统决定着可供非银行公众持有的比例。“想要持有”中的“想要”二字，是相对的。他们的“想要”究竟有多强烈呢？如果利息收入高的话，则他们想要以有价证券形态持有的比例便大些；如果利息收入低的话，便小些。市场利息率总是移到那种水平上：使得人们想要持有的现金与其他资产的比例，恰恰等于它们实际存在的比例。

那么，古典派的利息论和凯恩斯的利息论之间究竟有什么关系呢？在凯恩斯的“货币论”所达到的那个理论阶段，这种关系十

分简单。古典派理论，详细陈述了决定那与均衡相适应的利息的诸因素，而他自己的理论则详细陈述了那时时决定实际市场利率的诸因素。必须要记起，在《货币论》中，储蓄并不必然等于投资。凯恩斯十分明白，如同他自己所说的，簿记上总储蓄与总投资的等同是必要的，譬如说，对国民收入的核算便是如此。他能够像自己的均衡理论所要求的那样，把“意外的”利润不计算在储蓄之内而假设总储蓄与总投资不相等；如果一家公司遭到一笔意外亏损（或者获得正常水平之下的利润），则在估计我们所称为凯恩斯派的储蓄额时，便把储蓄低于它在其他情况本应达到的水平的缺额，从国民储蓄总额中减除掉。如果整个经济中发生净意外利润或者意外亏损（低于正常水平的利润），这便是不均衡的征兆。我援引凯恩斯的话。

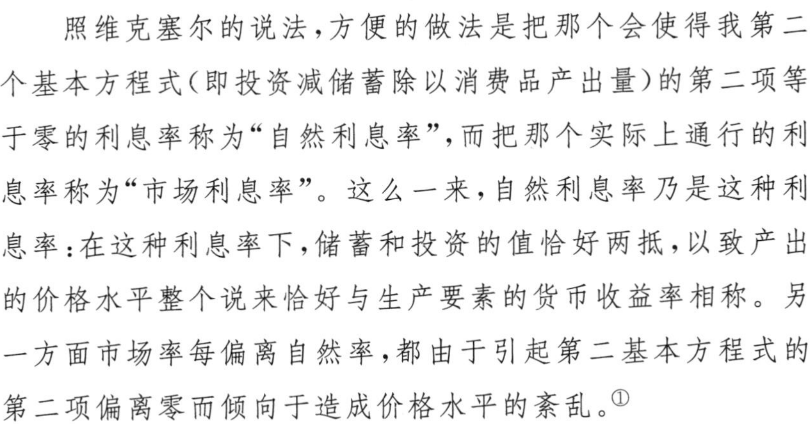

照维克塞尔的说法，方便的做法是把那个会使得我第二个基本方程式（即投资减储蓄除以消费品产出量）的第二项等于零的利息率称为“自然利息率”，而把那个实际上通行的利息率称为“市场利息率”。这么一来，自然利息率乃是这种利息率：在这种利息率下，储蓄和投资的值恰好两抵，以致产出的价格水平整个说来恰好与生产要素的货币收益率相称。另一方面市场率每偏离自然率，都由于引起第二基本方程式的第二项偏离零而倾向于造成价格水平的紊乱。[1]

① 《货币论》，第 1 卷，英文本，第 154—155 页。

在《通论》中，凯恩斯进一步抛开古典派的立场，而且耽迷于对古典经济学进行某种不必要的抨击。这可能已给经济理论的进步造成了损害，而经济理论本应由一套和谐概念体系所组成。

在《货币论》中，只有一个均衡位置，即在投资和储蓄相等的时候(《货币论》，〈这些概念的定义〉)。而在《通论》中，凯恩斯则坚持主张，有许多可能存在的与各种失业水平相对应的均衡位置。究竟某个时候实际的均衡位置在何处，这要依决定有效需求总量的因素为转移。但是，经济也可能是处于不均衡之中，而且无疑也常常是处于不均衡之中。"自然的"利息率仍然是与均衡相适应的那个利息率。但是由于可能存在的均衡位置就像失业水平那样有那么多，因而也就同样有那么多的所谓"自然的"利息率。他写道：

在拙著《货币论》中，我曾对所谓自然利率下过定义，我说：所谓自然利率，乃是使一时期中储蓄量(依照该书所下定义)与投资量保持相等的利率。当时我认为这是唯一的利率；又相信这个概念，一方面是维克塞尔之"自然利率"概念之演进，他方面把他的概念明朗化，盖维克塞尔所谓"自然利率"，乃是使某种物价水准保持稳定的利率，至于到底是何种物价水平，他并没有明白规定。

我当时忽略了这一点：依照这个定义，则在特定社会中，有一个假想的就业水平，便有一个不同的自然利率与之相应；同样，有一个利率，即有一个就业水准与之相应，对该就业水准而言，该利率是"自然利率"——意思是说，在该利率该就业水准之下，经济体系可以达到均衡。故说只有一个自然利率，或者说从以上定义中，不论就业水准如何，只能得出一个利率，是错误的。我当时不了解，在某种情形之下，经济体系可以在没有达到充分就业以前，就达到了均衡。

我当初觉得“自然”利率这一概念非常有前途；我现在不再这么想，反之，我觉得这个概念对于我们的分析没有多大用处，也没有多大重要性。自然利率只是一个维持现状的利率，而一般说来，我们对于现状本身没有特殊兴趣。

假如有一利率，当得起称为唯一的、重要的利率，则该利率可称为中性利率。其定义如下：设经济体系中其他条件不变，则在一组（以上所谓）自然利率中，有一自然利率与充分就业不悖，此利率即为中性利率。[①]

为什么这么大惊小怪呢？为什么使用这种有贬低“中性”利息率的重要性的倾向的措辞呢？中性利息率的水平究竟是由什么东西决定的呢？是储蓄倾向和预期的资本的边际生产率。但是，这些都是古典经济学中决定均衡利息率的因素。中性利率便把他的理论体系纳入到传统政治经济学的图式中去了。他颇为天真的是想要显得比实际上更像一个革命者。在这个领域里，他的主要贡献，乃是他对支配市场利息率的各种力量的分析。但是，他在整个著作中的最基本的贡献，乃是他证明了在存在着严重失业的情况下也可能有均衡，而且即使是降低工资也无济于事。有些评论家曾提出，凯恩斯的体系是仰赖于工资不能往下降，就像近来工资实

① 《就业利息和货币通论》，商务印书馆1977年版，第203—204页。

际上经常表现出来的情况那样。这表明对于他的理论体系，还完全缺乏理解。他的失业条件下的均衡理论，丝毫也不仰赖于工资之不能下降。

为什么会有流动偏好呢？有些人手中持有现金，可能有朝一日需要用一定数额，但究竟是什么时候和多大的数额现在完全无法确定。如果他们将它投资于有价证券，则他们可能恰好在需要用钱的时候，被有价证券的跌价，即利息率的上涨弄得窘迫不堪。如果要劝说他们购买有价证券，便必定要给他们支付若干利息，作为驱使他们甘冒风险的诱饵。所以，利息之所以必须支付，是因为对于未来的利息率究竟如何没有把握。在这里，我要引用我原先的著作。[①]

> 对于这个理论，已经有人进行了批评，理由是它让利息，可以说悬浮在太空中，其所以有利息，就是因为有利息。罗伯逊教授关于经济学的敏锐思想，长期以来使得经济学家们的心感到宽慰，而且他所进行的任何批评都有一言九鼎的影响。我从他的《货币理论文集》的第25页上摘引一段如下：
>
> 这一来，利息率之所以是现在这个样子，是因为人们预期它会成为另一个样子；如果并不预期会成另一个样子，便无法给我们说明它何以是现在这个样子。那个分泌它的器官已被切除掉，可它却莫明其妙地还存在着——“并非无缘无故”。

① 《动态经济学导论》，1948年英文版，第65—67页。

多伦多的普伦普特里先生在一篇未发表的文章中，根据这理论恰当地把贷款人的地位同向主顾们索取保险费的保险公司的地位做了恰当的对比：保险公司给主顾们保险所承担的唯一风险就是它的保险费将有提高的危险。如果我们试问究竟是什么东西最终支配着财富所有者做出未来的利息率定将不同于现在的利息率的判断来，则我们肯定会被径直地带回到生产率和节俭等基本现象上去了。

再者，希克斯先生写道："但是，要把完全安全的有价证券的利息率，说成不是由任何其他东西而只是由未来利息率的不确定性决定的，这似乎是要让利息起到它不可能起到的作用。人们便硬是相信那里一定还有比这更多的东西。"然而，希克斯先生并没有让自己的论点立足在生产率和节俭上，而是立足在把货币转化为短期信贷的边际转让所引起的费用上，而根据这一观点长期利息则最终是由短期利息支配的。

这些批评暗示凯恩斯的利息理论是循环论证；其所以有利息，是因为人们预期利息率要变动；总而言之，其所以有利息，是因为人们预期会有利息。但是，为什么会预期有利息呢？

我并不以为这种批评解决了问题，一定存在着一些精神现象——利息并不是别的，只不过是一种精神现象，是想法和意见、希望和恐惧的结果，它本身不过是一种许诺，固然最终是一种行动，然而是唯独从当事人的意志中产生出来的行动，根本不是一种物质现象——一定存在着一些精神现象，对它们可以恰当地用得上这个格言:没有什么东西是真实的,唯有思想才使东西成为真实的。

我还倾向于认为,这种关于利息在起它所无法起到的作用时的说法,是夸大其词。考虑一下,一张为期20年具有一定票面价值的有价证券,生息2.5%。则这种100英镑股票的现值,不计利息就是150英镑。这是一笔确定的货币数额。但是,市场并不给股票定价为150英镑,而是较低的数额,譬如说,100英镑,为的是考虑到这个情况:股票持有者不能肯定在今后20年内他所选择的某个日期能够获得确切计算好的介于100英镑至150英镑之间的任何数额。然而,有人会反对说,如果没有利息,而且人人都知道将来无论如何都不会有利息,他岂不就确切知道他所获得的这笔恰当的款额吗?但是,这种假设,过于广泛。给凯恩斯说句公道话,我并不认为我们有资格在反驳流动偏好理论时,竟假设有一个人人都知道永远不可能有任何利息的世界,假设有一个大概从来就没有过任何利息的世界!这些批评家岂不是走得过远了一些吗?凯恩斯究竟在什么地方说过,流动偏好是曾经有过利息的或者其所以能够有利息的唯一理由呢?他不是相反地仅只是说流动偏好是决定现行市场利息率水平的唯一因素吗?

我不准备把凯恩斯的理论——即使是成了被他的批评家们所说的那种干巴巴的样子——看作是站不住脚的东西而予以摒弃。它肯定要比我已谈到过的其他两种可能存在的理论,更为现实得多。另一方面,我并不认为凯恩斯硬要我们去设想:市场在盘算着未来价格以及价格的不确定时,就一点儿也不考虑罗伯逊教授的“生产率和节俭”。

在上述引文里，我对凯恩斯的捍卫未免过于软弱。我可能已被他对古典学说的好战态度弄晕了，以致觉得他比他实际的情形离开得更远些。在早期著作中，“自然”利息率，乃是指使得储蓄与投资达到相等的那个利息率；这是古典的学说。后期著作中，储蓄实际上等于投资，有许许多多与各种水平的失业相结合的自然率，而“中性率”却只有唯一的一个。受人们揣想的未来利息率支配的，乃是市场利息率。如果没有生产率和节俭的潜在力量，则市场无疑会得出结论说永远不会有任何正利息率。我相信凯恩斯应当会同意这点。

应该补充一点，即凯恩斯认为在发生严重萧条和生产能力过剩闲置的时候，没有一种利息率，不管它多低，能用来使经济达到充分就业。“中性”率消失了，或者不如说采取一个很高的负值；但实际的利息率却不可能有一个负值。货币供给政策，必定要有公共工程——更广泛地讲，要有“财政政策”——来加以补充，如果要想确保充分就业的话。

凯恩斯的体系，是宏观静态经济学的体系。现在到了该转向讨论动态经济学的时候了。

利息率可能影响 s_d 和 C_r 二者的值，从而影响有保证的增长率。它对 s_d 的影响，如同业已说明的那样，是不确定的。当利息率高的时候，人们究竟是储蓄得更多些还是更少些呢？一个高的储蓄率，是和一个高的有保证的增长率相结合着的。我假设我们正在研究的，是相当先进国家中流行的那种中等幅度的利息率，而不是50%上下的利息率。利息率对 C_r 的影响,是不含糊的。一个低利息率将倾向于引起资本密集程度更高的生产方法,从而将和一个较低的有保证的增长率相联系着。可得到的储蓄用于资助更具资本主义特征的生产方法越多,则留下来用于增长本身的便因此而越少。虽然利息率在原则上是 C_r 的一个决定性要素,但我曾一向强调说,依我想来,就实际情况来说,利息率对于被选择的生产方法的资本密集程度影响极小。有那么多更加重要的因素,例如是否有足够数量的可供使用的技术专家、工程师等等。一种资本密集程度更高的生产方法,可能需要有更大一批由优秀的合格人员组成的支援力量;否则在一些情况下可能结果适得其反。非常重要的,乃是可处置资本以外的各种投入的相对价格。我们已经看到,正是由于人的劳动价格较之煤和其他原料价格更昂贵,在19世纪后期的美国引起资本密集程度的极大增长,尽管其利息率水平高于英国。

因此,实际上,利息率对储蓄所起的作用——不过对于这个作用究竟有多大我们简直一无所知——比起它对生产方法的资本密集程度所起的作用,也许会对有保证的增长率有着更为重大的影响。

下一个出现的问题,乃是我们能否设计出一个有保证的利息率的概念来,以便与有保证的增长率相结合。由于利息率是 s_d 和 C_r 的一个决定因素,虽然它也许是一个重要性很小的决定因素,但除非是能够就适合于有保证的增长率的正常利息率水平问题说出点名堂来,否则基本方程式在逻辑上便不是完善的。据人们设想,当从稳步增长的(不稳固的)均衡发生了向上或向下的偏离的时候，则货币政策将用来制止这些偏离运动，即确立一个超正常水平的高利率来抑制一次景气，或确立一个低于正常水平的低利率来纠正一次衰退。但是，当一切事情实际上都在稳步前进的时候，这时的利息率又该是怎样呢？

我还没有能设计出一个令人满意的概念来。从长远看，这可能还不很要紧，不管我认为利息率对于 s_d 和 C_r 没有重大影响的主张是对还是错。在大多数国家里，舆论都在抛弃与有保证的增长率概念有关的自由放任资本主义的理想。这里有两个阶段。现在，人们几乎都普遍同意，应该运用深思熟虑的货币政策，也许还有财政政策，来制止偏离均衡的失去控制的运动，也就是说，用来控制商业循环。但是，现在舆论比这走得更远些。在更加广泛的人士中间正在酝酿这种主张：应该运用货币和财政政策来减少失业（凯恩斯的宏观静态经济学），并确保经济的增长更加接近于充分发挥经济的潜力（增长理论）。要想在最近的将来就将达到确保我所定义的那个“自然”增长的目标，可能是过于奢望。但是，将朝这个方向进行尝试。那么，最为重要的事情，便是确定究竟是什么样的利息率与自然增长率相结合；我把这个利息率称为最适度利息率。从这里着手比较好办。过一会儿我将在本章里讨论它。

在寻求有保证的利息这一概念时，我产生了一个想法：如果货币当局按照与国民收入正在增长的同样速率增加货币供给的话，则所出利息就应该是有保证的利息。为了给增大了的货物流通提供资金以及为了预防万一而需要同时扩大流通的池子，货币的数额定要增大。在没有特殊的反对理由的情形下，这个池子大概也会按照与国民收入相同的速率来增大。自然，它也许会以更大的速率增大，如果经济的不确定性正在增长，例如由于变得更富有的有钱人在增加花费方面比困境稍舒的穷人更为变化无常的话。但是，我并不满足于搞个定义。

现在，需要稍许多讲几句题外话。要让我自己去反对一个近来已极其广泛为人们所持有而且有值得尊重的渊源的观点，我是很犹豫的。这个观点是：如果人们坚定地预期会有通货膨胀发生，则这种预期的价格上涨，便会反映到现行利息率上来。因而，如果在预期没有通货膨胀的情况下，债券的利息率会是3%，又如果人们都坚信在有关的时间范围内物价也将每年上涨3%，则实际利率将达6%。这个观点，是卓越的经济学家阿弗里德·马歇尔所持有的以及在他论证复本位制度及卢比问题时所提到的，而且还是由欧文·费雪以其惯有的魄力提出来的。而费雪关于利息以及收入效用递减的学说业已提到过。最近的事态似乎已证实了这个理论，因为利息率飞涨到人们只有回到中世纪去才找得到先例的那种水平，而且通货膨胀猖獗难制。持有这种观点的人可能，或者本应被1970年和1971年年初大多数国家的利息率大跌弄得有点困窘失措，因为当时在一些国家内物价膨胀正停留在高水平上，而在另一些国家内却仍在上升，而且那种悲观主义观点越来越强烈，即认为物价高度膨胀可能会是流行性的。（这是英国财政大臣于1971年7月19日和美国总统于8月15日表态以前的事，这两位都曾许诺为了战胜通货膨胀将采取更多果断有力的措施。）凯恩斯并不同意那种认为对物价上涨的预期会抬高市场利息率的观点。在这点上，我是赞同他的。

问题的要点是，现金和债券二者都是以货币命名的。债券的

利息率，乃是由债券转换为货币所花费的成本，或者换一个说法，它乃是那个将货币转换为债券的人所收取的保险费。可以说，这乃是货币兑换债券的汇率。既然这些资产中没有一个包含有防御通货膨胀侵蚀的屏障，那么，硬说对通货膨胀定要发生的预期能够改变这些资产相互兑换的汇率，就未免不合逻辑。凡是不合逻辑的东西，经济理论著作就不能够接受。

设若出现了通货膨胀一定会发生的预期，它所能起到的作用，乃是改变那些像公债之类没有防御通货膨胀侵蚀的屏障的资产，和那些诸如无固定利息股票和固定资产之类拥有防御通货膨胀侵蚀的屏障的资产之间的相对比价。而且，事实上，在六十年代期间，在美英两国，无固定利息股票的收益，较之债券的收益相对下降了；其实在这两个国家，无固定利息股票的一般收益也是头一回跌到政府公债的收益以下。同时，各式各样耐用的工艺品，因为也有防御通货膨胀侵蚀的屏障，其价值也飞涨。

有人反对说，债券收益，既然是由流动偏好和交易以外的货币数量来决定，便可能不会高到足以在其收益和无固定利息股票的收益之间确立一个和预期的通货膨胀率相等的边际。无固定利息股票的收益不可能跌到零以下，甚至也不可能跌到零。所以，如果人们不能通过无固定利息股票的收益下降而在无固定利息股票的收益和债券收益之间获得一个足够的差额，那么债券收益便必定上升。

然而，应该指出，虽然人们可以谈论什么通货膨胀肯定要发生的预期，但是绝不可能有绝对的把握。让我们假设通货膨胀率恰好稍稍往下摇摆，或者仅仅预期未来通货膨胀会稍稍往下摇摆。

如果真的发生这种情形，则它便能够引起无固定利息股票的资本价值下跌。无论哪一种有价证券的投资者，都有一些人可能愿意及时出售；这是成立一个资本市场的目的。如果发生了这种情形，以致一名投资者需要在股票的资本价值往下滑行时抛售，他就将承受资本的亏损。他所获得的该无固定利息有价证券的纯收益，将是他自己收取到的红利减去出售资本时的亏损。如果无固定利息股票的价格在购进时正好是处于高水平上，则它们向下滑行所造成的亏损，在比例上也许不比它们如果当初是在价格较低时购进而后出售的情形下更大些；但其绝对的亏损额却更大些，而正是这个绝对亏损额必须从所得到的红利中扣除掉，以确定投资者所获得的无固定利息股票的纯收益——大抵上是负值。

现在有代表性的投资者，可能做出判断，认为这么一种向下的滑行的机会很少。那么，如果发生向下的滑行的话，则人们在估价损失数额时，便应该用一个很小的概率分数。自然，原则上人们不得不为一系列各种大小的向下滑行进行计算。可能有人争辩说，会有一个未预期到的向上滑行的相等的概率。但是正如在保险公司统计工作中所熟知的情形那样，一次比如说 10 万英镑的 5％的亏损机会，不能完全由一次 10 万英镑的 5％的赢利机会所抵消。

当然，债券可能因各种十分不同的原因而上下腾落。但是，如果它们的收益已比较高的话，则其在同比例向下颠簸时受到的纯亏损，将比较低些。

因此，我提出存在着零以上的某种收益（价格小于无穷大），它使得无固定利息股票在合理的限度之内能够成为一道足够有力的对付通货膨胀预期的屏障。

有人提出说，在大通货膨胀的时候，像1923年德国马克的那种情形，债券利息率竟提高到50％那样怪诞的高度。不管你怎么争辩，但要想把这种利息率说成和通货膨胀毫无关系，那是徒劳的。我认为，在大通货膨胀的时候，情形稍许有所不同。那时人们不再去比较现金和债券之间的优劣。在经济中的全部现金价值一落千丈；实际上人们已不再在手中保有现金，除非是为了最即时的需要。现金已不再被看作是两类以货币命名的资产之一。我回想起当年柏林德国人在我的银行门前排着长龙队伍的情景，他们等着用他们的一周工薪去购买一些有价证券，尽管他们根本打算就在下个星期把它们卖掉以便采购东西。我的女房东手头有点现金，但为了免去跑银行的麻烦，便在我要上街去买东西的时候，竟主动提出要买我的平装的霍布斯的《利维坦》。而她根本不是一位爱好哲学的妇女。

那种认为预期的通货膨胀率会被包纳到现行利息率中去的观点，在我看来，是无法接受的。不过，我倒愿意就通货膨胀与利息率的关系问题，提出一个折衷的见解。人们通常的看法是：会反映到利息率上面去的，正是通货膨胀将按某种速率进行的那种确定性，或者说对此所具有的强烈信念。相反，我却认为，能够影响利息率的，正是无法知道通货膨胀方面可能发生的情形的那种不确定性。

如果十拿九稳地肯定或者坚信通货膨胀将进行下去，人们将不断出价争购那些拥有防御通货膨胀侵蚀屏障的资产，而这样它们的价格就将上涨。通货膨胀的前景，可能在某一既定的时点上通过刺激实物资本的形成而使这类资产增大。它也可能引起行骗的人制造出大宗古玩赝品。不过，相对于实际资本的总存量来说，它的增加将是偏小的。因此，那些拥有防御通货膨胀侵蚀的屏障的资产，由于对通货膨胀的新恐惧开始冒头了，则其供给的增加将颇为微小；这类资产的供给弹性将会很低。这样，当预期的通货膨胀的曲线每发生一次拐折时，则供求两方就将主要靠那些拥有防御通货膨胀侵蚀的屏障的资产或耐用物品的涨价来得到平衡。

投资者为了给他们自己准备好一道防御通货膨胀侵蚀的屏障，便将对他们究竟需要在牺牲当前收入方面走多远做出判断。这个决定一经做出，他们就将须要把剩余下来财力在两种以货币命名的资产之间，即在债券和现金之间进行分配。至于如何分配这些资产，则将根据标准的凯恩斯主义的流动偏好原理来做出决定。由于预期一定会或者几乎一定会出现一定的通货膨胀率，因而在已就牺牲多少当前收入问题做出了决定后，则将按下述的方式，来确定如何进一步在债券和现金之间分配以货币命名的资产。设若预期通货膨胀一定会发生，则这种预期（为简明起见，我们可以用“肯定无疑的预期”来代替“确信”）里面，没有什么东西会影响在诸种以货币命名的资产之间进行的这种进一步的分配。

但是，让我们假定关于通货膨胀的未来进程的不确定性有所增长。这便可能成为一个投资者想要保持流动性的动机。他的“流动偏好”曲线，即他对现金比对债券偏好程度便会提高。由于预期会发生通货膨胀，而其规模有多大又不确定，则他将据此决定牺牲收入，而去购买有价债券、不动产等等，以作为一道防御通货膨胀侵蚀的屏障。但是，他可能认为他牺牲得还不够，或者他可能认为他不必要地牺牲得过多了。当他对未来感到严重捉摸不定时，他会考虑到，在六个月或者一年之内，通货膨胀的前景可能相当恶化或者相当改善。所以，他可能决定保持更多的灵活，以便在新形势一旦暗示着这种前景到来时能够更多地购买那些收益很低（或者没有收益）的，但有着防御通货膨胀侵害的屏障的资产。这就将使得他对现金的需要增大。整个经济中债券对现金的比例，将不至于因有代表性的投资者提高其对现金的偏好而受到影响，除非是中央银行采取了特别措施来调整这个比例。因此，对现金的偏好的提高，就将引起债券的价格下跌，也就是将引起利息率上涨。这和凯恩斯关于市场利息率的流动偏好论是相符合的，但是给它增加了一点新内容。

必须强调指出，这种认为未来通货膨胀的不确定性，会使利息率提高的观点，跟那种认为对于未来通货膨胀一定（或几乎一定）会发生的预期，会使得现行利息率与通货膨胀率按同一比率提高的肤浅观点，是完全不同的。

依我判断，那种认为对未来通货膨胀一定（或几乎一定）会发生的预期完全会反映到现行利息率中去的浅薄观点，已造成了危害。近来，利息率已是高得十分不正常，这种情况大概已经损害了世界的进步。（最近利息率已下跌，但看来又将上涨。）每当有人极力主张应该降低这些高利率的时候，有关当局多半会回答说他们不可能做到这一点，因为高利率是由于人们预期通货膨胀一定会发生而造成的，而且，无论他们在货币供给方面采取什么措施，市场利息率都会由于预期有通货膨胀而继续保持高水平。这是一种谬论。

如果高利息率是由于人们因未来通货膨胀进程的不确定性而

提高了流动偏好所造成的话(凯恩斯),则高利息率可由当局用增加灵活手段的办法而把它们降下来(凯恩斯)。

利息率水平,在某种程度上是一种国际现象。依我判断,已经在流行的世界高水平的利息率,是由于世界储备按对国际交易的比例来说越来越短缺而造成的。这种情况,只能靠采取制止世界储备下降的一致行动来加以救治。但是,每个国家的当局,都可以做出自己的贡献,促使本国的利息率水平渐渐下降到世界平均水平以下。在这点上,国家当局便会提出反对说,它们不能够使它们自己国内的利率渐渐下降,因为这些利率是由它们国内预期的通货膨胀率支配的。国内通货膨胀率的决定因素,将在下一章加以讨论。那种说是由于每个国家内都有通货膨胀率因而没有办法可以降低国内利息率的说法,是一种遁辞,它已造成了巨大危害。这些离题的话便到此打住。

最后,还需要考虑一下与自然增长率相结合的最适宜的利息率。我们不得不回到当收入增加时,一英镑的递减的边际效用这个中心概念上去。我们已看到,“时间偏好”就是利息之所以存在的基本缘由,但“时间偏好”中有两个成分:缺乏望远镜的本领以及收入的边际效用递减。当我们在考虑一个最适宜利息率时,前一要素便不应该加以考虑。在这里,我们关心的是提出一点劝告。经济学的传统一向是:它的实践者应该去分析事物实际上是如何起作用,并且也应该评估一下事物起作用的方式在多大程度上有助于取得可以用我们的经济资源生产出来的最大幸福。例如,人们习惯上总认为(虽然并不一定就正确),垄断会使得实际上所发生的情况和那可能发生的最好的情况之间出现不一致。

经济学家作为裁判和顾问，不应当去评估1971年9月增加的一单位幸福是否优于1972年9月增加的同一级（有着计量上的困难）的一单位幸福。他对这两年需要做高瞻远瞩的考察。在他开的药方中，他自然受到某种不确定性的制约，即对于远离他现在的未来某一事件将给他增进幸福的程度无法确定。他几乎无法知道未来的事情究竟是什么样子，也无法知道到公元2071年将怎样才能给人类缔造幸福。然而，他应该避免任何有意识的心理上的偏好。未来前景的不确定性，可能使得他觉得有理由怀疑那要冒着风险去谋取未来利益的计划。但是，这和有意识的时间偏好不同，因为人们凭着时间偏好就对眼前的一块圣诞布丁比下一年同样一块布丁更为看重。自然，在收入正增加时，由于考虑到收入的边际效用递减，他必定是不重视未来的利益的。

最适度的利息率的基本方程式是：

$$\sigma = \frac{pc[Gn(con)]}{\varepsilon} \cdots\cdots\cdots\cdots\cdots\cdots (1)$$

σ 是最适宜利息率。$pc[Gn(con)]$乃是按每人计算的自然（最适宜）增长率，ε 乃是收入的边际效用递减曲线的弹性。$pc[Gn(con)]$在某种程度上乃是由利息率来决定的，因而包含有一个联立方程式。

重要的是要立即说明：这个利息率，被看作是为了生产某一既定商品或服务而在资本密集程度不同的各种生产方法之间进行选择时所应该使用的利息率。在自然增长率的图式中，那个利息率才真正是它的唯一函数。储蓄率是决定性因素，也就是说它是为实现按自然率增长所需要的东西；这个比率与个人的储蓄倾向没有关系，从而也与利息率没有关系，除非是在资本需要量(C_r)依利息率为转移的范围内。

决定那从各种可供利用的方法中间挑选出来的生产方法的资本密集度大小的东西，我们可以把它称为“可以接受的最低限度的资本赢利率”。如果其值为零，那么，在选择生产方法时，我们便应该只选择那种生产方法：它表明每单位产出所需要的各种投入(期待除外)的总值为最低者。但是，如果由于有期待的投入而必须把一笔相当大的款额记入借方的话，这就可能扭歪了这种选择的方向，不去选择资本密集度更高的生产方法。

在先进社会里，“可以接受的最低限度的资本赢利率”，看来似乎高出头等有价证券的市场利息率相当多。这可能部分地是由于有风险的缘故。购买一宗可以在资本市场上抛售掉(无可否认也许会有亏损)的有价证券是一回事，而把货币资本具体化为工厂这种特殊形式却是另一回事，因为只有当该厂努力生产了若干年产出物之后，可处置资本才可以得到补偿。也可能还有其他别的原因。有的公司可能不愿意让它的资本过多地掌握在债券或股票的持有者的手里，当它可能预见到实物资本的扩张将比任何现在可资利用的途径获得更多报偿的机会的时候，它也可能把这种想法带到将来；如果它现今在依赖外界资本方面达到合意的界限，那么，它也许在将来会要进行选择：或者是超出那个界限，或者是放弃那会比现在任何可资利用的途径都能获得更多报偿的扩张机会。还有，公司可能会由于有经理人员班子(对于处理各种专门问题非常合格)能够以最快速度建立起来而被阻止为各计划花钱。

如果谁确定 $pc\ Gn(\mathrm{con})$ 为每年 5%以及 ε 为 $\frac{1}{2}$[①]，这两个似乎合理的数字，就会得出一个每年为 10%的可以接受的最低限度的资本赢利率。这就比普通流行的赢利率要低得多，这可能是表示：资本主义社会的诸生产方法通常都是资本密集度不够高的。

我总觉得，在资本主义制度下，可以接受的最低限度赢利率，对于市场利息率的中等程度的变动以及对于一切短期的变动，总多少有点不大敏感。公司有它们自己的关于评估未来成本（包括有一个标准毛利率在内）的正规办法。它们的成本会计师们并不是依靠电话来获得利息率变动的最新消息的；这就是为什么认为在资本主义制度下利息率的变动对于选择生产方法并无什么重大影响的一个进一步的理由。货币政策，我相信是非常有力的，却以一种截然不同的方式发挥作用。松动的货币促使一些公司去推行其赢利收入无论怎样总是完全可以接受的那类投资计划，而它们却由于缺乏可供利用的资金而无法得以实行这类计划。

然而，情况倒很可能是：最近几年来利息率的巨大而又相当长期持续的上涨，已引起许多公司在估算其成本时，即在估算其“可以接受的最低限度的资本赢利率”时，提高了它们的标准的毛利率。这就会倾向于降低其最新计划所采用的资本密集度，其实也会降低其为更换废旧资本所采用的资本密集度。

我宁愿按马歇尔的方式，而不愿按某些较晚近作家使用的相

① 请参阅我提到过的由巴顿博士和约翰逊博士所做的两篇独立的经济计量调查的成果，这两篇报告分别给 ε 的值是 0.5 和 0.53（见《经济学杂志》，1963 年 9 月号，第 408 页）。

反方式，来给弹性(ε)下定义为：

$$\varepsilon = \frac{\Delta\gamma}{\gamma} / -\frac{\Delta u}{u}$$

在这里，u 代表收入的边际效用，它随收入的增长而下降。因此，如果收入有1%的增加，便引起边际效用下降2%，

$$\frac{\Delta\gamma}{\gamma} / -\frac{\Delta u}{u} = \frac{1}{100} / -\frac{-2}{100} = \frac{1}{2}。$$

ε是一个社会效用函数。这是一个与传统经济学多少有点不合拍的概念。然而，社会无差异曲线已经在进入国际贸易的理论。

每个人都有自己的收入边际效用函数。每个人的收入边际效用函数，是无法计算得出来的。但是，在那些不同收入等级的人们的效用函数之间，可能有重大的可以估算的(误差幅度大)差额。社会效用函数当是每等级的函数的平均数，但不是用每等级的收入的总额去加权，而是用每等级的人数去加权。

人们也许会引进一种更复杂的情况：如果平均每个收入赚取者所赡养的人数在不同的收入等级中是很不相同的，那么，进行横断面分析当是值得的。在往日，这听起来可能令人感到十分困难，但是，由于有计算机的计算法，这就一定不是那么困难。在从前——至少在19世纪——是穷人有一个较大的家庭，但是这种情形已在急速改变。大家庭的ε大抵上是大于小家庭的ε。

ε这一概念包含有对效用的基本度量。F. Y. 埃奇沃思(帕累托曾把他作为无差异曲线的发明者向他表示感激)坚定地相信：在一切涉及效用的问题上，基本度量可能常常照样是必不可少的。他对于相反的观点确实极为轻蔑。这种感受到的对无差异曲线的需要，有其历史渊源，即需求曲线使用货币作为效用的一种尺度，

而任何“尺度”都应该有它所度量的东西的一个常量。但是，任何一笔兑换交易本身都改变着货币的边际效用，以致货币保持不了效用之恒定不变。(然而，就小额交易说，其效用的变化是微不足道的。)但是，在度量收入时，我们并不涉及任何兑换交易。的确，量度收入可以不用货币。我们可以按专门称好了的装满商品的篓子来度量收入。近代最伟大的经济学家之一弗里希，就同意我的主张：我们必须保留对效用的基本度量。

我们应该进入讨论联立方程式。其所以需要这些方程式，是因为方程式(1)右边式子的值，依赖于 r_o 之值，即使可能只是在很小程度依赖的话；r 代表利息率。

如果消费者人数按照和生产者人数相同比率增加的话，那么，在其他情况相同时，则 $pc\ Gn(\text{con})=Gn(\text{con})$。但是，由于年龄的分布和参加率是变动的，因而便可能并不相等。二者之间的关系可以表述如下：

$$pc\ \mathrm{G}n(\text{con}) = f[\mathrm{G}n(\text{con})]\cdots\cdots\cdots\cdots\cdots\cdots(2)$$

如果 s_σ 始终都保持一个常数值，则 $\mathrm{G}(\text{con})n=\mathrm{G}n$。但它将不会是这样，除非技术进步是中性的。所以，我们需要用一个方程式来表述它：

$$\mathrm{G}(\text{con})n = \psi(\mathrm{G}n)\cdots\cdots\cdots\cdots\cdots\cdots(3)$$

技术进步已被定义为一种这样的技术进步：它在一既定的利息率下使资本—产出率(C_r)保持不变。但是，是什么样的利息率呢？在我们这个分析中，为了现实起见，应该把利息率解释为是指可以接受的最低限度的资本赢利(MARC)而言。于是我们便得出

$$Gn(=\frac{s_\sigma}{C_r})=\psi(r_\sigma)\cdots\cdots\cdots\cdots\cdots\cdots(4)$$

因此，我们便给四个未知数，即 r_σ、pc Gn(con)、Gn(con)和 Gn 成立了四个方程式。

最后，我可以补充说一句，这个稍许复杂化的结构，虽然是为确定最适度利息率所需要的，却并未使我觉得它非常重要，因为我不相信：利息率在先进社会里正常盛行的界限内，无论如何对于所选择的生产方法的资本密集度都有着重大影响。我们的经济会根据常识把估算可以接受的最低限度的资本赢利率的工作进行得足够好，譬如说，会以可能的增长率为 5%(属于偏低)和收入效用弹性为$\frac{1}{2}$的估计作为根据，而把这个可接受的最低限度资本赢利率估算为 10%，比当前盛行的资本赢利率低得多。

第六章　通货膨胀

“通货膨胀”一词，被用在各种不同的，但又相互有关的意义上。这种情况可能有损于交流思想，甚至有损于思考问题。一名读者或一名听众可能以为一名作者或演说者是在某种意义上使用这个词，而事实上他想说的却是别的意思。更糟糕的是，使用这个词的人也许自己也不知道他指何而云。一再碰到这种情况，特别是近来，当有人使用这个词时，我便十分确信，若问他用这个词是什么意思，他是经不起检验的。这种害处可能还不止于此，它还可能在政策制定中引起混乱。如果严令取缔这个词，只要是可能做到的话，那也许会是一件好事。

这是一个相当新的词。这个词在 19 世纪的字典里根本找不到，除非是在为气球打气这意义上用。那时候，人们只得用通货下跌或贬值之类的词儿来凑合着对付。

它的本来意义，很可能不可分割地兼有官方货币政策和财政政策的意思。政府若开支大于其收入，并且靠印发钞票来弥补赤字，或者在我们现代很复杂的世界里，靠向中央银行也许向商业银行借债来弥补赤字，这时候，据说政府便是在实行通货膨胀。古典的通货膨胀事例，便是1789年法国革命政府发行“指券”* 以及美国内战期间发行钞票。更早些时候（1717年），还有法国在约翰·劳的建议下为资助各种计划而发行钞票。

在历史上，一个国家的通货，应当是由一定分量的贵金属所组成，或者可兑换成一定分量的贵金属，甚至在第二次世界大战后，为别国货币当局所持有的国家通货都是可以兑换的——这项制度是否业已永远崩溃，迄今尚不得而知（1971年9月）。通货膨胀这个概念难道还必须包含有这层含义：钞票等的发行已如此之严重竟致必须暂停兑换吗？我相信是这样的。在我们引用的法国和美国的事例中，情况确是如此。这是一个需要从语言学上仔细加以研究的问题。一般人都认为，在重大战争中政府开支突然猛增，再加上在相应地提高税收方面还存在着技术上的困难，这就使得通货膨胀必然要发生。

在那些方面，这个词既用于主动意义上，也用于被动意义上。它可以被用来形容任性的政府发行过量的钞票等的行动，也可用来形容因此而引起的用国家通货标示的价格上涨的形势。

最近，这个词已应用于较为温和的事态。就此而论，它是否还有双重含义，即既指政府已采取的行动（主动的）又指实际上正发生的情况（被动的）呢？看来它似乎并不总具有这双重含义。在上一章讨论利息率和预期的通货膨胀的关系时，仅在物价上涨这个被动意义上使用这个词汇，而不管上涨的原因是什么。现在，则不

---

* “指券”（“assignats”）是法国革命时期“革命政府”用教会财产做担保所发行的纸币。——译者注

论是什么样的物价上涨，都常常用上这个词。于是，有时竟有人说："2％的通货膨胀是可以容忍的。"

在16世纪美洲发现金矿和银矿之后，世界物价上涨得相当可观。在19世纪40年代里，由于加利福尼亚和澳大利亚发现了金矿，也发生过类似的现象，尽管比较缓和些。按现代的用法，能断言在那些时期发生了"通货膨胀"吗？如果这样，那么这个词就不会有什么双重含义（主动的和被动的）。对于贵金属的发现，是责怪不到政府头上的。肯定也不应当说是采金者正在使得世界上的通货"膨胀"起来。

现代也有类似的问题。英国和美国的物价，在1969—1971年这个时期的一些时间内曾以和平时期前所未有的速率上涨。但是，政府并没有印发数量异常多的钞票，也没有借入数额异常多的债款。物价之所以上涨，是由于允许工资过度增长所造成的。在这里，"通货膨胀"这个词，便应该再次被认为只是用于被动的意义上。有些人也许要争辩说，政府已激励了通货膨胀，因为它未曾采取必要的措施以防止工资的增长。这是滥用词汇，令人难以容忍。它有什么办法能制止工资增长呢？有的人说："它应采取紧缩措施。"在这里，我们思想上的混乱简直达到了极点。人们便想起凯恩斯之鸭潜入到池塘水底，却给杂草缠住了。一次被动意义上的大通货膨胀（物价上涨）正在发生。这种现象的主动一方，显然是当局未实行紧缩——不管它可能指什么而言。大概它的意思是说要紧缩货币或者要让预算有更大节余。但是，这种"通货收缩"会遏制得住猖獗的通货膨胀吗？绝没有把握。用语何其混乱哟！但是，更加糟糕的是，它正在搅乱思想，导致出混乱的政策。

近来，人们已渐渐抱有这种想法，认为在可能预见到的未来，某种程度的通货膨胀将继续年年伴随着我们，但愿它是温和的。这是相当可怜的失败主义。有人几乎把它看作是颓废的标志。回顾过去，我们并未发现通货膨胀是英国所常有的。在斯图亚特王朝复辟（1660 年）以后将近一个世纪里，物价的总趋势是下降的，虽然几度为战争所暂时中断。在 18 世纪后半期，有过一次温和的上升运动，这无疑是与战争有关；但在对法战争爆发时，物价仍距 1660 年水平不远。然后，便来了大通货膨胀，乃至暂停兑换。战后，物价下跌运动虽然几度中断，但还是重新开始了，而到 1850 年，物价已低于战前水平。在该世纪中期，大概是由于前面已提到的加利福尼亚和澳大利亚的金矿的发现，物价水平平稳了，但在这以后，又重新开始急转直下，使得 1896 年的物价大大低于 1660 年的水平。而后，在南非洲发现了金矿，特别是发明了氰化炼金，还爆发了南非战争。在这些事件发生的同时和以后，物价都有上涨的趋势。但是，即使在1933年，物价也并不高于1660年水平。然后，在两次世界大战之间，虽没有完全从第一次大战的大通货膨胀中恢复过来，但物价是趋于下降的①。

为什么现在一切都变样了呢？为什么我们竟不得不生活在一个通货膨胀持续不断的美好的新世界里呢？

我们中间有些人已鼓吹要立即大大提高黄金价格。我们难道竟因此而加入了通货膨胀论者的行列了吗？有人相反地争辩说，

① 关于本文中所叙述的这段历史的图示，见菲利斯·迪恩和 W. A. 科尔著：《英国的经济增长》一书中杰出的第七图。

这种提价会给将来开辟金价连续上涨的前景，从而会刺激黄金的储藏。我常常强调说，提高金价时，应该跟着最好是由某个像国际货币基金组织那样的国际权威机构发表一项坚定的和权威的声明，声言它无意策动将来的进一步上涨，而提价的目的，是像为了适应第二次世界大战期间和战后时期纸币的商品价值贬值情形，进行一次调整，而这种调整一次就完。把金价提高三倍，就可使黄金再回复到它对其他商品的自然关系中去。而要把商品价格（譬如说用美元表现的）的总水平降低到 1939 年的水平，则根本是行不通的，而且在任何情况下，也实在是不可取的。

正是那些争辩说现在金价变动一次就意味着将来必须接着连续变动的人们，才是货真价实的通货膨胀论者。其言外之意是说，商品和劳务的价格将连续上涨，因此，若黄金要想保持它对其他商品的正常比价，则它按通货计的价格就势必连续上涨。如果我们能够就商品与劳务的总趋向做到价格稳定，则黄金价格也能够停在原地不动。当然也可能出现这种情况：由于金矿的蕴藏量有限以及商品与劳务的出产量因世界人口和生产率不断上升而不断增加，则黄金产出量就不会与其他货物的产出量并驾齐驱。在那种情形下，则用诸如特别提款权之类的国际纸币来补充以及最后取代黄金的使用，倒可能是称心的办法——而且无论如何它都将是称心的办法。但是，若去设想这些特别提款权可以在数量上一下子骤增得足以使我们能不用黄金作为国际结算储备手段，那是没有根据的。金价的上涨会给我们在现在和几十年后之间架设一座桥梁。到几十年后，我们便能够单纯依靠国际纸币作为供国际结算用的唯一储备手段了。不要把这种提高金价的主张，同默许持

续通货膨胀相提并论;这样提高金价,便可能是一种反作用的措施。

业已指出过,从1660年直到1913年,英镑虽几经涨落,却保持住了它的商品价值。更往后追溯,我们可以联系按贵金属衡量的国币的贬值,来研究这个问题。我们用便士的年代,至少可追溯至麦西亚王奥发,关于这位皇帝,小学生都学过了,或者无论如何惯常总是要学到的。在一个世纪内,240个便士计称为"一镑"。威廉一世把一块金属存放在伦敦塔,而且命令规定,银便士必须是这样重:240个银便士和他的那块金属一样重(一"塔镑"和一金镑稍有出入)。要是一些官吏已任性地破坏了一项迄今至少已有一千年历史而从未中断过的国家制度,那该是多么糟糕的事情!每一个人在他的日常用品中间,能够认为是直接从威廉一世(抑或甚至从奥发王)那里相传下来的东西并不多。日常的历史纪念物肯定会给生活增添某些乐趣。

当我读小学时我就学过,数字的12进位制在不久后就可能代替我们现在的10进位制。还会需要有额外两个记数的符号,而10也许会代表我们现在所称的12。其优点可能是新的10可以被4个数字而不是仅可以被2个数字除得尽。然而,事情并没有朝那个方向发展。

我们240便士一镑,乃是10进法和12进法的混合制。如果我们把自16世纪以来就实行的12(我们现在这么称呼的)便士1先令,写成10便士1先令,而10先令合144便士(但写成100便士)计为1镑,则我们便可能实现了一次伟大的改革。那确实会使得计算方便多了。

英王威廉一世之后，大约在两个世纪时间内，根本没有发生过货币贬值问题。到了亨利三世这个罪人时期，便士的含金量已降到将近只有一半。以后五个世纪都没有很坏的记载。从女皇伊丽莎白一世改铸货币到1931年，仅有一小部分发生贬值，其所以如此，部分地是由于从银本位向金本位过渡所造成的。

因此，在我们的整个文明历史中，除了有几次被重大战争所中断外，一向都有着货币稳定的光辉记录。而在战争结束后，货币又恢复稳定，物价重新继续其下降趋势。只是第二次世界大战以来，事情才变了样。而且问题尚不止于此，人们还默许通货膨胀继续发展下去，直至渺不可知的未来。难道我们已变得孱弱无力了吗？难道两次大战就把我们的精力摧毁了吗？诚然，通货膨胀的现象并不只是英国才有。

凯恩斯在其《货币论》中的基本方程式，不代表一种宏观—静态的均衡，也不代表一种动态的均衡，但它有一个基本优点。它分别地表明了成本推动和需求拉动对于物价上涨所起到的作用。

$$P=\frac{E}{O}+\frac{I'-S}{R}$$

P是流动的消费货物的价格水平，E是社会每单位时间的收益，O是同一时期的总出产量，I′是新投资的生产成本，S业已解释过，在《货币论》中被定义为储蓄量，R是流动消费量。在这个结构中术语之使用有点混乱，但不一定和我们有多大关系。主要的一点，乃是它把两种影响价格过程的独立力量，清楚地区分开来。这一点在《通论》中却消失不见了，那里却把工资单位当作量测的单位。

在《货币论》这个凯恩斯思想的早期的著作中，需求拉动是因储蓄（按特殊的定义确定的）与投资之间不相等而产生的。在《通论》中，凯恩斯摒弃了那特殊的储蓄定义，并有力地争辩说，在基本理论中，最好是别去搞任何特殊的储蓄定义，以致它能够与投资不相等。他曾经被卷进到与D. H. 罗伯逊和哈耶克的论战中去了，后二人各自都有其不同的特殊定义。然而，至今仍痛感需要有某种这类概念。有些人赞同G. 缪尔达尔的"事前"概念。在本书的动态理论中，一个相类似的区分，乃是实际的储蓄S和合意的储蓄S_d之间的区分。这看来似乎较之事前和事后之分更为可取，因为S和S_d二者在一个给定的时点上可同时得到。而过去所发生的情况常常可能是不相干的。

在《通论》中，需求拉动的通货膨胀，是由于按实物计的总有效需求超过了经济的供给能力而产生的。这比起他的前一部著作来说，也许是一种较好的处理方法。但是，成本推动，作为影响价格的一个单独的和独立的因素，虽然在《货币论》方程式中显得如此突出，但在后一部著作中竟基本上从视野中消失了。依我看来，它对于某些后来的理论发展，已产生了不幸的影响，它对于政策的影响也是如此。

不应该做这种臆断，认为凯恩斯在其《货币论》中是一名强烈主张通货膨胀来源于工资推力的观点的代表人物。他的思想的大意是：通货膨胀通常源出于需求拉力，E/O比率的提高是因需求拉动所引起的。在一个需求拉力时期，雇主们在其对可获得的劳力进行争夺的过程中，便会变得更易于诺许让工资的增长超过生产率的增长。但是，问题的要点是，即使E/O的上涨是由于需求拉动的通货膨胀所引起的，这类上升的影响也是附加性的。

需求拉力可以按现行价格加以计量出来，即通货膨胀发生之前总需求超过经济供给能力的余额部分。你可以把这个部分表现为一笔余额，譬如说 20 亿英镑，或者表现为一个百分比，譬如说 5%。起初，这个余额可能导致存货销售一空，但是，经一定时间这些存货又将重新形成。如果要使总需求与供给保持相等的话，则物价的总的平均水平就得上涨 5%。

消费者将被迫修订他们的购买计划，因为那时物价业已上涨了，他们正好没有钱来维持这些计划。实际消费需求被弄平（或下降）后，又可能导致投资者削减其投资计划。而且，在景气中，需求的上升可能在投资品方面表现得更为强烈，从而在那里产生出较之在消费品部门更大的物价上涨的拉力。采用缩减利润的办法，可以使那些想订购投资品的人致力于把总需求降低到经济供给能力的水平上。

在前文中，曾假设消费品的价格上涨而消费者的收入却未增加，由此而来的对消费者的榨取，将有助于使总需求和经济供给能力相等起来。但是，在此环境下，消费者收入也许增长得比生产率的提高更快。如果情形确如此，则经济中的价格膨胀将超过 5%。如果雇工们所赢得的工资增长超过了生产率的增长，且完全足以给他们补偿初期价格膨胀的话，则经过适当时间，物价的总平均水平将上涨 10%。问题的要点是，如果而且只要是有了需求拉力的话，则物价就不得不上涨得超过 E/O 的比率（E 代表收益，仅只包括正常利润，除以产出量）。无论雇工们在推进 E 方面获得如何的成功，但需求拉力都将胜过他们。物价之上涨将比 E/O 还大

5%，或者任何一种百分比（＝实际总需求超过供给能力的余额）。价格过分上涨的受益者将把他们由此增加的收入储蓄起来。

E/O比率的增长，也可以在没有任何需求拉动型通货膨胀时发生。这一点，凯恩斯是颇为勉强地承认的，但他似乎并不认为它是重要的或者可能经常发生。近些年来，我们在这方面却有很多经验。如果E/O发生了这类上升，便将导致价格上涨。于是，我们便可能进入一个通常称为工资—物价螺旋上升的阶段。在下一轮工资谈判或合同签订中，雇工们很可能要求提高工资，如果他们并不过分的话，则不仅要求按照他们当前生产率提高的比例，而且还会要求增加一个增量以补偿自上一轮以来已发生的物价膨胀。但是，因为这是由于上轮谈判中E/O的增长所造成的，故企图补偿自上一轮以来的通货膨胀，就将不可避免地在下一轮谈判之前引起进一步的通货膨胀。而且到时候，还可能产生加速度。在通货膨胀已激烈地进行了一个时期之后，雇工们便可能开始要求再增加工资，不仅要补偿自上一轮谈判以来已发生的通货膨胀，而且还要补偿那预期在下一轮来到之前可能要发生的物价的进一步上涨。那些确定价格的生产者也加入到比赛中来。他们在审议自己的价格时，便可能把价格定得可以开销在下次审议价格之前可能发生的工薪的增长。螺旋式上升就这样进行下去，除非是当局采取措施，把事态控制起来，否则旋转的速度还可能加快。

有时候有人争辩说，在没有需求拉力时，生产者将不可能抬高物价。这就初级产品来说无疑是对的，因为初级产品是在完全竞争的条件下出售的。但是，在发达国家里，商品与劳务的大部分产出量并不是这样出售的，在许多场合下可能有非常积极的竞争但没有严格意义上的那种“完全”竞争。竞争者有双重理由把成本增长推进为价格上涨。第一，他在核算成本时，可能发现如果不提高他的价格，他就将在营业上亏本蚀利从而最终将不得不关门大吉。第二，他可能争辩说，他的竞争对手们，和他境遇相同，必定要这么干的，因而他也这么干以免在与他们的竞争中输掉。这些概括的说法，在特殊情况下自然容易有例外。在螺旋上升的过程中，总是不时地会发生使利润受到损害的情形，这一点是千真万确的。然而，像利润受损害这类情形之所以发生，其正常原因并不是工资—物价的螺旋上升，而是需求的紧缩，是不同的另一回事。无论工资—物价的螺旋上升会发生什么情况以及不管它激烈到何等程度，如果消费者的收入中想要花费掉的比例和生产资源中需要用于正当的实物资本形成的比例加总起来不等于 1 的话，便会发生需求的紧缩。不了解这一简单的命题(这是动态经济学的最基本原理之一)乃是某些人在看到强烈的物价膨胀还伴随有严重失业的时候之所以表现出大惊小怪的原因。

有些人争辩说，即使是没有现时的需求拉力，则还是应该把工资—物价螺旋上升归因于过去某个时间发生的需求。是过去两年、三年还是四年呢？原因何在呢？需求拉力发生阶段可以推动工资—物价螺旋上升的进程向前发展，这一点是千真万确的。这就是当局对于需求拉力非常警觉而且一看到它的苗头便迅速加以纠正的一个重要的理由。但是，非常合理地断定需求拉动阶段可能是推动既定的工资—物价螺旋上升向前发展的东西，是一回事；而断言任何一次工资—物价螺旋上升都必定有这么一个原因，这就完全是另一回事。经济理论并未证明这么一种概括的说法是正当的。

当发生螺旋上升时,你可能到处寻找早些时候发生需求拉动型通货膨胀的一个年份。如果你往前追溯得够远的话,你常常总可以找到这么一个年份。但是在断言因果关系时,你就必须要注意数量学说。

人们经常说,美国最近这次(1971年)激烈的工资一物价螺旋上升,乃是受越南战争引起的需求拉动型通货膨胀的影响而发生的。有人极力主张说,这是因为没有把为资助越南战争而需要的税收,一下子就提高到足够的程度。较早时期曾有过一次朝鲜战争,那时需求拉力比较大。国防开支在1952年达到顶峰。(顶峰在战争结束以后到来,这是由于战争在美国引起恐慌所造成的,因为美国第二次世界大战之后曾让它的国防机器急速停下来。)在1952年,国防开支吞噬了国民生产总值(GNP)的13.3%。而在1967年,顶峰的形成与越南战争有关,它仅吞噬了国民生产总值的9.1%。联邦的赤字在1953年(顶峰)占到国民生产总值的1.9%。在1967年,它略低一些,占到1.7%。在朝鲜战争以后的四年里,消费品价格只上涨了2.4%。而在越南战争以后的三年半里,它们却上涨了18.5%。如果说最近这次工资—物价大螺旋式上升,是由于与越南战争有关的温和的而且较比更早得多的需求拉力所造成的话,那么,何以在朝鲜战争的更大的需求拉力出现之后竟未发生过一次这样大的上升呢?

联邦储备系统的政策也应予以考虑。在1967年,该系统在一个严加限制的年份(1966年)之后将货币供给量增加了8%,而在1966年只增加了3.2%。在1968年年初,它的政策是紧缩的;但国会却迟迟不表决通过增收附加税，而增收附加税曾被认为是对限制货币数量的一个合乎需要的财政补充措施。当它终于在1968年中期获得通过时，联邦储备系统由于担心这时增收附加税可能已不再是必需的，而且会产生过分限制的作用，因而把货币政策放得相当地松；有人认为它为限制性的附加税进行补偿过了头。它在该年的下半年按年率11％的速度增加了货币的供给；但就整个1968年来说，仅增加了6.7％。可能有些特殊的阶段容易受到批评。但不能争辩说，货币供给增长的规模和随后的消费品价格的巨大上涨相比是过分了。

在英国，也有过货币政策与财政政策并无过分之处的相似情形。其实，在1968年，英国当局开始建立巨额财政节余，其数额之大，在英国或在任何国家都没有过先例。银行政策十分温和。然而，工资和物价的膨胀却非常之大，而且实际上比美国还大得多。

那么，这些通货膨胀为什么会发生呢？凡事总一定有其原因。照我的看法，这些原因，不要到惯常可以用得上经济学术语的那些因素（如供求压力、边际生产率对边际效用的关系、垄断程度等等）中去寻找，倒是应该借助于那属于更为广阔的社会学领域的概念去对它们进行分析。在要求增加报酬的那些人方面，可能出现较大程度的主动性。“我们要为增加报酬而斗争，并不认为你表示反对就可以轻易了事的。”而在答应增加报酬的那些人一边，可能有较大的度量。这又被柜台另一边的售主们的更大主动性所平衡了，即无耻地抬高物价，转而售主们又遇上了最终购买者方面更大的度量。在过去，如果物价抬高了，则惯常给某一物品支付某一价格的顾客会经常举行激烈而愤怒的抗议。他也许不登那家商店的门了。而现在，物价的上涨，人们竟把它当作事物的自然规律的一部分予以接受而不大抗议。“我们知道有某种叫做‘通货膨胀’的东西在进行，可我们还必须接受这类东西。”不管怎样，反正这些顾客中的大多数人获得的报酬总还在增加。恶性循环——恶性的螺旋上升就这样完成了。养老金和其他固定收入的领取者便是牺牲者，而且他们因此而遭受到的苦难常常是很大的。他们可能不得不放弃他们已计划好的生活方式。

但是，基本原因，我们还是弄不清。为什么人口中的一些重要阶层在某一个历史时期会变得更加具有主动性呢？我相信其原因应是实际生活水平的提高。在上斜的河岸处可能有一个关键性的滩头，在那里，工薪赚取者的生活已被提高到最低生活水平之上，足以不必为生活而担心。国家的各种各样的救助，无疑有助于消除这种担忧。

人们常联想起最伟大的社会学家中间的一员德·托克维尔来。多年来，许多人都相信，法国革命乃是法国人的最后一次的恼怒。他们当时日益沉沦于不断加深的贫穷与困苦之中，他们再也无法忍受。德·托克维尔在他的《论旧制度》一书中，证明18世纪对于法国来说，是人类事务的许多方面的一个开明和改善的时期。但是，权力却日益集中到巴黎的并非有效能的官僚手中。而同时，人民变得有更多的要求，他们的眼界开阔了，他们老早就已摆脱了赤贫的境遇。因此，他们不满足于迄今的改善而提出更多的要求，要求贵族也应该尽其纳税义务，要求给予人民以立法程序中的有效的代表权。当一个孩子开始更充分地参加“成年人”的各种享受，他便有“更多的要求”。

无疑，法国革命派的要求，至少在初期阶段，比起工薪赚取者过分增加报酬的要求来，更有正当的理由，并且能够予以满足而没有什么害处。而工薪赚取者的过分要求，若不用涨价的办法使之部分地获得平衡的话，则它很快就会把利润缩减到零，从而置自由经营的经济于死地。可以认为，最近通货膨胀领域内更加凌人的形势，是和其他的社会现象（诸如学生的动乱、日益增加的暴力行为以及美国的种族纠纷）有着密切的关系的。

如果工资和物价加速上升的原因真的有着上述那种社会根源的话，那么，要想靠紧缩货币或搞预算结余的传统疗法来治疗弊病，是没有什么用处的。这套疗法是用来消除需求膨胀的。它是否也适用于制止可能简直就像需求膨胀的余波那样温和的工资—物价螺旋上升，那是令人怀疑的。这一点以后将进一步讨论。

这些疗法显然根本不适于用来对付最近时期工资和物价更加大幅度的和不合比例的增长。但是，这并不是说我们应该驯服地容忍这个大弊病。需要的是针锋相对。“我们绝不打算让你用你那过分的主动性来把我们社会中可贵的东西破坏得如此厉害。”

针锋相对的办法，就是众所周知的“收入政策”，这一政策的内容就是由官方对工资和物价的进程进行干预。其目标，应是工资的平均增长不得大于生产率的平均增长以及达到物价稳定。可惜它在最近的将来不可能达到，而只有在一两年之内才有可能。这个目标，可以用那些以原则上由大企业家和工会首领达成的协议为基础的自愿方法来达到，这一点还不至于是完全不可能的。在英国工党于 1964 年大选中获得胜利后两个月，乔治·布朗先生（现在是乔治·布朗勋爵）以为他已获得了一项有效的协议，而且快活地手拿着有关文件照了张相。但结果证明它并不是有效的。

如果不能够达成有效的自愿协议的话，那么，就必须采取法律制裁的办法。这种弊病大得无法忍受。这肯定是平民阶级的意见。

看来，英国的保守党政府（巴伯先生的1971年7月19日声明）和美国的共和党政府（尼克松总统的1971年8月15日声明），二者现在都诉诸于“收入政策”，尽管两个政府从前都曾依据其理论强烈地反对过它。

为什么现在需要如此新鲜的东西呢？预期到在经济政策领域和在其他领域一样，会随着社会进步而需要有新奇的东西，这一点并不是不合情理的。和平时期物价和工资猛涨的现象，在工业国家内是新事物，而且可以预期到一种新的现象总需要有某种新的方法去对付它。如果这种新现象，正如我们迄今所了解的那样，真的有着经济学领域之外的社会根源的话，那就越发需要有新的对付办法了。

直接干预是完全崭新的东西吗？好几个世纪以来，英国最高法定工资都是由治安官规定的。无疑，工会领袖们现在不会打算把事情交给治安官来处理。所以，就需要有一个新的权威机构。

前面几段文字，已变得多少有点劝告性的了。动态经济学之所以不应该和传统经济学一样只是偶尔地才出现一点政治经济学的味道，是否有任何理由呢？

理论上的要点是：无论在动态经济理论抑或静态经济理论中，都没有东西证明工资或物价的膨胀抑或工资—物价的螺旋上升，必定是由一个同时产生的或者前期产生的需求膨胀（总需求＞经济的供给能力)所引起的。情况可能是这样,也可能不是这样。经验的论证表明最近工资和物价的膨胀并不是这样引起的,因为数量学说是错误的。在经验的论证中,你还必须常常顾及数量学说。

在 1969 年 7 月 18 日,我写了信给《经济学家》杂志,讨论通货膨胀问题,他们却给它安上一个标题——“哈罗德的二分法”。

关于全面的过度需求何以几乎不可避免地要引起物价上涨的问题,业已作过说明。因为有一个缺口需要填补上。这个理论,全然不同于迄今多少年来被普遍视为不说自明的那个命题:不断增长的总需求有抬高物价的倾向。这个理论,相对于亚当·斯密以来的经济思想史来说,是一个比较新奇的学说。

传统经济学(1850 年以前时期的除外)都是由现在应称为微观--静态的东西所组成。因此,它所涉及的是特殊的商品与劳务的价格决定问题。当我们步入宏观经济学(静态的或动态的)的领域时,我们所研究的便是一般的价格水平了。需要强调指出的是,这个一般价格水平是由个别价格的总和决定的。你不可能碰上后者大多数都在上涨而前者却下跌的情形,反之亦然。所以,我们必须检验一下支配特殊价格运动的诸力量。如果需求的增长就其总的平均情况看并没有抬高每一特殊商品价格的趋势,则它便不可能有抬高一般价格水平的趋势。

关于特殊价格的理论,通常是十分明白的,并且可以在黑板上规规矩矩地证明给初学经济学的一年级学生看。在商品受报酬递减所制约的情况下,需求的增长就会有抬高价格的趋势;而在商品受报酬递增所制约的情况下,则有降低价格的趋向。因此,就一般价格水平而论,一切都依那受报酬递减制约的商品是否在比重上超过那些受报酬递增制约的商品为转移。前者主要是由粮食和原料以及那些在其生产费用中原料占很大分量的商品所组成。在制造业中，还有在日益重要的服务业领域中，则大体上盛行着报酬递增的情形。

在发达国家内，粮食(报酬递减)的消费增长得要比总支出(按实物计)慢些。而且，最终产品的原料含量日益减少了，因为随着实际收入不断提高，人们趋向于把更多的收入用于购买原料含量较低的高级精致完美的商品。因而，在发达国家内，人们会预期到收入中用于购买报酬递增品类商品的比例会高于用以购买报酬递减品类商品的比例。

还有，报酬递减品类的商品，比起报酬递增品类的商品来，更易于形成世界价格，因为前者是在完全市场上买卖的。虽然在加工制品领域内，世界性竞争有着某种增长的趋势，但依然低于粮食和原料的世界性竞争水平。对于各个国家内所提供的服务业来说，除了旅游业外，都不可能进行世界性竞争；而且在发达国家内，这些服务业在所有购买的商品与劳务中所占的比例正日趋增长。

另外还有一点，某一给定的商品越是要由世界市场来定价，则某一特定国家对它的需求虽增长了一定比率，但对它在该国的价格的影响便越小。所以，在考虑一特定国家内需求的全面增长对于该国的一般价格水平的影响问题时，人们所给予属于报酬递减的商品的权数，就应该比它们在该国的实际国民支出中所占的比例为小。

于是，按照传统经济学，人们会预期在发达国家内总需求的增长要引起一般物价水平下跌，反之亦然。

关于总需求(实际的)的上升和下降的运动,有两种完全独立的力量在起作用,它们随着环境之不同而在性质上各异。这就是"哈罗德二分法"的实质所在。如果对商品和劳务的实际需求超过了经济的供给能力,便会出现一个缺口必须填补。若不用提高价格的办法把它填补上,则势必不可避免地要消耗存货。这种消耗不可能无限期地进行下去,因而,到时候还必须靠价格膨胀来填补这个缺口。但是,假如总实际需求低于经济的供给能力,则价格并不会必然下跌到足以填补缺口。可以靠相应地缩减生产和增加失业来把缺口填补上。我们看到这种情形是常常发生的。

当总实际需求超过经济的供给能力,结果发生物价膨胀的时候,则货币政策和财政政策就应该致力于缩减总实际需求。这里,便有一个二者必居其一的逻辑必然性。这个缺口(总实际需求>供给能力),或者是可以靠目的在于把总实际需求缩减到适应于供给能力的货币政策和财政政策来加以消除;或者是可以靠物价膨胀到适当程度来加以消除。没有别的选择余地。但是,如果总实际需求低于供给能力,则总实际需求的缩减将不会产生一种必然的甚至可能的趋势,去消除或者缩减任何也许已发生的价格膨胀。当总实际需求超过供给能力时,物价便有上涨的必然趋势(需求拉动型通货膨胀)。但当总实际需求低于供给能力时,物价却没有下跌的必然趋势。如果工资推力还在进行的话,则物价可能继续有涨无跌。

这两种形势的根本差别是:在出现过度需求的形势下,价格必然上涨;这种上涨,可以用缩减总实际需求的货币政策和财政政策来加以制止或减轻。但是,当需求低于供给能力的时候,却没有使

价格必然下降的推力；供给能力和需求之间的缺口可能靠生产和就业的下降来填补上，而且显然已如此填补过无数次。结果，在这种形势下，货币政策和财政政策便可能没有，而且常常没有它们在相反形势下所具有的那种治疗效果。

它们可能还会产生事与愿违的效果。如果商品和劳务的生产总的说来是受报酬按比例递增所制约的话，则旨在用以缩减需求的货币政策和财政政策就将抬高成本。在这个领域内，所索求的价格是以成本为转移的，因此总需求的缩减可能会迫使商品与劳务的供给者去提高价格。反之，扩张的货币政策和财政政策却会使得他们能够降低价格。对照着近来的事态来看，则倒使人觉得物价的下跌有点不现实，除了像飞机运费下跌这样的例外情况。但是，如果工资推力在继续进行，则需求的增长，便可以使厂商们有可能用降低单位成本的方法，较之在不降低单位成本的情形下，把工资增长的较大一部分吸收掉。需求的增长，在那种情形下就会降低价格膨胀的速率。如果在这种形势下当局还运用货币政策和财政政策来缩减总需求的话，这就将产生价格膨胀不断增大的有害效果。

有人争辩说，按照菲利普斯曲线(事实上英国的经验并没有给它提供什么证据)，缩减总需求，即使在它低于经济的供给能力的时候，也定会由于引起工资推力的减弱而使得物价膨胀有所减缓。必须强调两点。即使失业的增加引起工资增长率减缓，这也很可能会使得货币成本的降低低于因营业额下降而增加的实际单位成本。在这种情形下，所谓紧缩便会产生出物价膨胀的效果来。

第二点是，如果紧缩的货币政策和财政政策被推行到造成像

1931 年那样真正大规模的失业的地步，则势必对提高工资的要求起着泼冷水的作用，这一点是毋庸置疑的。一种危机的气氛被造成了。在这种环境下，每一个人都必须努力工作而且全力以赴；而工资要求将被压低。但是，不应该把建立如此大规模的失业以便造就一种“危机气氛”，看作是当代货币政策和财政政策的正常机能的一部分。关于政策的目标问题，在第二次世界大战期间前进了一步，决定了不应该容许像 30 年代那样的大规模失业再度发生，而且可以加以防止。我们无论是现在还是将来都不要往后倒退。

结果是还需要有一种新式武器，即一项“收入政策”。

通货膨胀是一个祸害。它可能是由于总需求近来超过经济供给能力而造成的。这种可能性，从一开始就为那些研究商业循环问题的作者们所默认，但还是凯恩斯第一次把它引进到正式的基本经济理论体系中来。但他没有对其经济政策的后果问题做详细阐述，因为就他在研究《通论》而进行创造性劳动的大部分时间来说，世界正苦于总需求不足，他主要是针对那种形势而提出建设性建议的。但是他的确在《如何筹措战费》小册子中，就第二次世界大战中的过度需求问题提出过实际的建议。

现在，这不成问题，治疗的方法就是用货币政策和财政政策来缩减总需求——缩减货币供给和提高对政府支出的税率。

如果总需求低于供给能力，以致存在就业不充分的情况，以及（或者）除了由于正规的摩擦原因而造成的失业之外还加上明显的失业，那么，相反的治疗方法便是适合的——增加货币供给并降低对政府支出的税率。这与是否有通货膨胀在同时进行都毫无关系。失业和通货膨胀两个都是祸害，而前者则是更大的祸害。它使得那些需要工作的人却找不到工作，而这必定成为他们贫困悲苦的一个源泉；它还使得社会不必要地丧失了一定数量本可用来增进社会幸福的商品和劳务的产出量。通货膨胀引起了许多令人讨厌的麻烦，也给那些靠固定收入的人带来了沉重苦难。一个负责的政府虽可以用给受害者提供补偿性津贴的办法来救治后一种祸害，但它最好还是制止通货膨胀。

当需求已经低于供给能力时，如果不考虑采取压低需求的办法，那么除了“收入政策”之外便提不出一项救治办法来了。而“收入政策”，就是做出一种安排，使工薪的平均增长不快于生产率的平均增长，从而使价格得以保持稳定。这种安排，恐怕要靠连续不断的圆桌谈判来确保。如果经过公平的裁判之后证明这种安排不可能实现的话，则必须诉诸法律来强制实施。

有人反对说，要公正地执行这样一种法律，就会需要有一个规模相当庞大的官僚机构。这是不幸的。但是，在一个为了完成各项更次要得多的目标而在各方面却建立起庞大的官僚机构的时代里，这种反对意见倒反而是不恰当的。

有的人可能会批评这种解决方案，其理由是应该允许工资多少要比每人平均产量上升得快些，以便获得一种更加公正的国民收入的分配。需要指出的是，薪金赚取者，包括那些高收入阶层在内，参加了通货膨胀的竞赛，而且有时似乎占上风。这里有一个技术上的困难。在一个物价稳定的制度下，如果不是要把利润统统削除掉并让私人企业制度寿终正寝的话，则只能允许工薪收入在一个连续的时期内每年以超过生产率1%这样低的比率增长。要使平均收入得到一个超过生产率的精确的而又非常小的增量，那是一个在统计上和管理上都有困难的问题。要使得工薪收入的平均增长恰好等于生产率的增长，也可能出错误。但是，这是个可以驾驭的目标，而且可以进行事后的（ex post）调整。普遍都同意这一观点：收入的再分配，倘若需要获得更大的公平，则应该用按累进税的比例进行调整的办法来实现。

最后，还有“哈罗德二分法”问题。人们普遍认为，用来增加实际总需求的措施，经常会产生物价膨胀的效果。按照“二分法”，这种措施，只有当实际总需求通常是高于，或等于，或者（也许有人会小心补充说）几乎等于经济的供给能力的时候，才会产生物价膨胀的效果。另一方面，如果它低于供给能力的话，则扩张性措施将趋于降低实际成本，从而提高生产率。于是，生产率这一准则所能允许的工薪收入的增长幅度，则因有扩张性政策而较它在其他情形下要大些。所以，扩张性政策，会使那些负责确定工薪收入率的人们的头痛缓和下来，无论他们是在进行自愿谈判的圆桌旁还是在特别委员会里。

巴伯先生和尼克松总统的声明（已经提到过），都含有认为扩张性政策将有助于而不是有碍于反通货膨胀的斗争的意思。我知道在此以前从未就这种意义发表过官方声明。如果继这些声明之后有着有效的行动，则它们就可能是经济政策史上的一个转折点。

第七章　问题与冲突

有保证的增长率和自然增长率，是完全不同的概念；它们各由不同的决定因素。有保证的增长率是合意的储蓄等于所需要的投资时的增长率。如果谁沿水平轴设计了各种增长率以及在垂直轴上设计了合意的储蓄和需要的投资，则他便会因投资在交点上上升到储蓄以上而得到两条上斜的曲线。其所以如此，原因是大部分投资乃是支持生产增长所必需的；它是增长率的一个直接函数，而储蓄的大部分（我们无须说全部）则是整个收入的函数。因此，所需要的投资额，要比合意的储蓄额，更加强烈地受收入增量之大小的影响。在有保证率的诸决定因素中，人们所想要进行的储蓄额，可以说是主宰者。

自然率的决定因素则相反，乃是适龄劳动人口的增长以及当前技术进步的性质。储蓄则是个奴仆。

传统的货币政策与财政政策，曾被看作是矫正的良策，用以遏制偏离保证率而脱缰奔驰的运动。这种偏离运动，如果不加以遏制，将引起通货膨胀（需求拉动型）或通货紧缩的状况。需要指出的是，需求拉动型通货膨胀，可能在充分就业达到顶点之前就发生。如果物价是不能往下变动的话，则通货紧缩便可能只采取增加失业的形式。人们将提出一个问题：货币政策和财政政策实际上是否还有，或者是否还应该有，或者是否还可能专门有其他的职能要履行。看来似乎应该把货币政策和财政政策各自固有的作用，区分得比惯常更鲜明些。到目前为止，我们仍然是和旨在给经济加油或者给它泼冷水的“一揽子”货币政策与财政政策打交道。

人们通常总会预期那些目的在于遏制脱缰运动的政策会奏效得相当快，这是较老的传统学说（参看沃尔特·白哲特）。近来，有一种让扩张性政策或限制性政策，特别是让后者在相当长时期内发挥作用的趋势。这可能是因为政策制定者心目中的目标，还不只是单纯地遏制脱缰的运动。例如，通货紧缩政策可以为了防止工资—物价螺旋式竞赛而继续实施下去。甚至它们尽管显然正引起失业增长，但还可能继续实施下去。这是这些政策的一种极为不受人欢迎的用法，而且实际上不大可能在抑制工资—物价螺旋式竞赛方面取得任何成功。另一方面，为了提高就业，扩张主义政策的运用可能持续很久。这种政策持续多久方为得当，则视保证增长率是否需要有某种数额的失业为转移。如果它需要，则持续实施扩张主义政策，就将招致物价膨胀。于是当局便将朝相反方向行动。这样，我们将沦于性质混乱的不合理运动。我们将继续处于混乱之中，直到增长理论有了进一步的发展，从而能够制订出使政策制定者得以理解并遵循的、有充分根据的应用经济学原理来时为止。

“正常的”有保证的增长率，适用于制度处于均衡（不稳定的）时，它与那仅只适用于制度根本不处于均衡时的脱缰过程的特殊有保证的增长率，是有区别的。特殊的和暂时的有保证的增长率，可能朝上或者朝下追赶实际率。正是根据这点，我们才能够解释每次衰退何以除了为结束衰退而谨慎地设计出来的政策措施外，还会有一个底。

货币政策和财政政策，主要是打算用来影响实际率，使它重新回过来与正常的有保证的增长率保持一致，从而使通货膨胀和通货紧缩的诸过程得以结束。但是，它们若继续实施相当长一段时间（由于其他原因），则它们便能够影响正常的有保证的增长率本身。例如，假若一个高于比人们以前所惯有的利息率，在现时还要存在相当一段时间的话，则人们便可能开始以为它是正常生活的一部分。“这就是我们现在不得不在其间生活的新世界。”这类情形在某种意义上似乎已经在60年代里发生了。再例如，一个政府，最初为了克服通货膨胀，已对预算赤字采取了一种更加严厉的观点，便可能由于习惯而（不论是哪个政党执政）变得更加富有格莱斯顿式的观点。

这就使我们得到一种极为自相矛盾的情形。本来打算用来提高或降低实际增长率的措施，却在它们影响所及的范围内，竟对正常的有保证的增长率产生了相反的影响。高利息是否对个人储蓄率有任何影响，我们已感到值得怀疑。通常都推想它有提高它的倾向。储蓄率之任何上升，都会提高有保证的增长率而同时自然会趋向于压低实际增长率。如果说高利息对于生产方法的资本密集度有任何影响的话，那就是它将会使资本密集度降低。这样就提高了有保证的增长率，而同时又降低了实际率。在降低已选定的生产方法的资本密集度方面，紧缩货币本来应该比利息率更有影响；这也提高了保证增长率而同时又降低了实际增长率。在财政方面，转向减少预算结余或增加赤字，肯定也将降低有保证的增长率而同时提高实际增长率。

如果持续的通货紧缩有提高有保证的增长率的倾向的话,则人们也可能会认为这是一件好事。但这要看先前的有保证的增长率究竟是高于抑或是低于自然增长率而定。如果它是高于的话,则进一步要把它提高的政策措施便是坏的。实际增长率不可能在大部分时间里都高于自然率。后者给它规定了一个极限。自然,在从失业局面中复苏过来的时期,实际率能够高于自然率。因此,如果保证率高于自然率的话,则实际率就必定在更大部分时间内低于保证率。在这期间,将有累积的抑制性力量起作用;政府当局可能正当地认为它们有责任在这种时期采取扩张主义的措施,把实际率提高到保证率。但是,如果保证率高于自然率的话,则政府当局便不可能使实际率在大部分时间内保持在保证率的水平上。这里正是储蓄过多了。这就是后凯恩斯派学者们通常所说的"停滞论"("stagnation thesis")的动态化翻版。自第二次世界大战以来,适合于这个理论的现象,看来并未像战后它的鼓吹者所担心的那样显露其丑陋的头角。这可能是由于战后有对工业复兴的巨大需要,由于对这些需要采取了更加通融得多的态度(主要是受凯恩斯本人的影响),以及由于后来有几次较小的战争。然而,无论如何在美国和英国,停滞的征兆在60年代后期便开始出现了。所以我们对于停滞论的动态化翻版,仍必须保持警惕。

把这三种增长率之间的关系,分类列成图表的形式(如第127页所示),可能是有用的。

排列组合理论要求这个表中应该有八个例子(实际增长对自然增长的比率纯属是偶然性的,把这方面的各种情况也包括到这个表中来并没有什么意义)。何以只有七个例子,其原因是在充分就业时,实际增长率要高于自然增长率是不可能的。在这七种情况中,只有1和3是没有冲突的。在第一种情况中,实际增长正趋向于降到充分就业的位置以下,并低于保证增长率。后一关系,若不予纠正,就定将带来累积的衰退,直至达到某个底时为止。第三种情况是相似的,所不同的,就是在始点上就已有了失业。因此,就必须再度实行通货膨胀以制止衰退,并把实际率提高到保证率水平。此外,就其必须在一些时间内保持再度通货膨胀来说,它将产生一个相当长期的影响。它将倾向于降低有保证的增长率,使之趋近于自然增长率。只要保证率高于自然率,就将产生经常性的麻烦。

前三种情况,乃是"停滞论"的动态化翻版的全部例子。它们表明储蓄超过了为维持一个不断增长着的劳动力和实现技术革新所需要的水平。需要减少储蓄量。在1和3的情况中,不可能设想再度通货膨胀的时间可以持续得很长,足以大大降低正常的有保证的增长率而又不至于最终引起通货膨胀的压力。因此,虽然此刻没有冲突,但存在着冲突的潜在可能性。

在第二种情况中,冲突已经出现。经济已经套上了笼头而且正在从衰退中脱身。从一个角度看,失业者能够愈快获得工作,自然愈好。从通盘考虑来看,失业是最大的祸害。通货稍许再膨胀一点,会使这个有益的发展进一步加快起来。但是,如果我们实行再度通货膨胀,甚至采取自由放任的中性姿态,则需求拉动型通货膨胀就将开始。重要的是,要注意需求拉动型通货膨胀能够在还存在着大量失业的时候发生;可能没有足够的储蓄来提供资金,使复苏之进行超过某一速率。自然，如果有从上次不景气中遗留下来的未加使用的生产能力，则形势可能要缓和些；但是，也可能没有留下未加使用的生产力，或者留下的不充足。

不均衡以及扩张主义政策对它们的影响一览表

（通货紧缩证明结果适得其反。符号〇表示充分就业的位置。）

	冲突或和谐	1. 对充分就业的影响	2. 对通货膨胀的或通货紧缩的压力的影响	3. 对长期的增长均衡的影响
1	和谐	好	好	好
2	冲突	好	坏	好
3	和谐	好	好	好
4	冲突	好	坏	坏
5	冲突	好	好	坏
6	冲突	好	坏	坏
7	冲突	好	好	坏

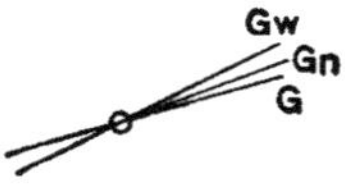

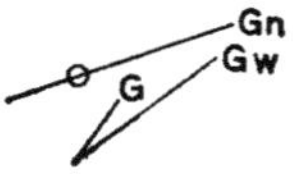

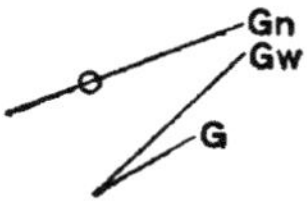

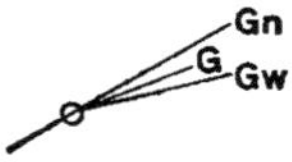

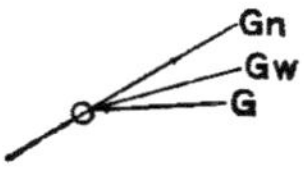

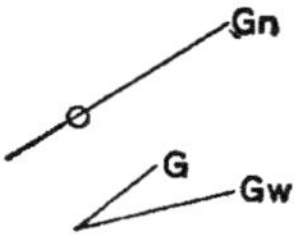

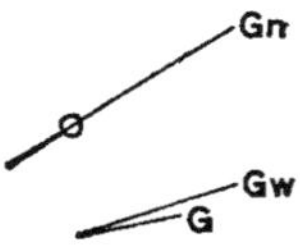

有一种观点，是主张要稍许搞点通货紧缩，虽不至于把复苏完全死死遏制住，但也要足以使它降到有保证的增长率所指示的速度。这多少有点失败主义者的味道。

而且，还有问题在后面。一旦达到了充分就业，则经济要想以一种比自然速率曲线所表示的还要大的速率向前移动，是不可能的。因此，除非是采取特别措施，否则，衰退便不可避免。当然，可能有时滞。经济可能会沿着顶峰颠簸而行一个时期。我业已否认那种说我认为不稳定原理包含有刀刃之类的东西的观点（见第三章）。

现在，我们接触到问题的关键。在一个储蓄过分的经济里使用通货再度膨胀的关键时刻，是在它已达到景气的极限而处于充分就业的顶点时。一旦它从那里滑下来，所有的老问题都将重新出现。政府应开始用减税的办法搞出足够的预算赤字，以抵消个人和公司持有的过度储蓄。在复苏时期，过度储蓄的趋向被掩盖了，经济按超过其自然率的速率发展而引起不寻常的投资需求，这些投资需求便使用上过度储蓄。但是，一旦达到了充分就业，经济便不可再按超过自然率的速率发展，结果，投资需求便跌落到复苏时期常有的水平以下。

这里还涉及一个人们可能在思想上拒绝接受的貌似荒诞而实则不谬的道理。当失业处于最低水平时，就应该把脚踏在加速器上。普通老百姓的观点，可能认为当经济处于衰退之中而失业正不断增长时，应该把脚踏在加速器上，这个观点看起来好像是自然的和煞是有理的。但是，它错了。当失业还是处于最低水平时，就应该把脚踏在加速器上。若有任何耽搁，就将给以后的时期造成麻烦。正是这个貌似荒唐实则不谬的道理，使得对于动态经济学来说，要紧的是要在所有有名望的经济学家的赞同下，建立其基本公理；而对于应用经济学的专家们来说，要紧的是这些基本公理一建立起来，便把它们变成政策的准则。

前文已叙述过，当经济正在充分就业的顶点上颠簸而行之际，政府就应该大量地减税。在这个时刻，把追加的公共工程（作为一项再膨胀的措施）引进来并不合适，因为根据假设，此时此刻经济总是充分就业的。不会有人到新近创办的“公共工程”那里去工作。

虽然，而且也因为，我完全同意加尔布雷思教授的意见（正如我所业已指出的），即无论是英国还是美国，都应该把更大一部分的资源投放于公共工程——贫民窟的改造、乡村环境的维护等等上面，但我并不把花在公共工程上的这笔钱，看作是一具对商业循环或实际增长率的合适的调节器。我老早就讲过，这个观点是不切合实际的。大多数公共工程需要一个相当长的时期来进行计划，有关的劳力必须动员起来，等等。由于财政部知照说通货紧缩政策已提上了日程，而要把工程在设计中停顿下来，把一切都中途停顿下，这种做法是行不通的。

应该把公共工程从可用于调节商业循环或维持最适度增长的工具清单中剔除出去（大概它们已成为这种工具）。我赞同加尔布雷思教授的意见，认为公共工程应该成为国民总产出中日益重要的成分。但是，这与本章所讨论的主题并不相干。

正是财政武器，即显著地削减税收而绝不缩减政府支出，似乎成了景气顶峰时刻的极端重要的武器。当自然增长不能够再与有保证的增长保持一致时，它便发挥其决定性的影响。正是由于正常的有保证的增长超过了自然增长而有余，才必然在经济处于充分就业顶点时需要有衰退；减税能够抵消掉这个过头的余额，从而得以保持充分就业。如果政府减税一百万英镑并从而减少其同样数额的储蓄(或增加其负储蓄)，则纳税者将无疑会从减税中把一部分储蓄起来，但不是将其整个地储蓄起来。因此，储蓄将发生某种净缩减。

对于在景气顶峰时刻实行增加需求的扩张主义措施的某种思想抵触，虽然可以被看作是自然的和健康的(尽管是错误的)，但在对这一问题的思考中却可能有另一个组成部分则完全是不健康的。在景气顶峰时刻，工资—物价的螺旋上升可能正在猖獗。这对于那些为了调节产出的增长而应该采取的措施完全不相干。诚然，工资—物价的螺旋上升，正如我们近来所看到的，在工业衰退或停滞时期也可能横冲直撞起来。但是，它在景气顶峰时刻却很可能对政策制定者产生更加强有力的影响。“在失业很低而且通货膨胀(工资—物价的螺旋式竞赛)猖獗的时候，竟然采取措施来增加需求，这定是在发疯。”这类想法在国际领域内也出现了，在那里，有人一再发表了这种反对意见，即反对在“通货膨胀”(实际上几乎完全是成本推动型通货膨胀)正强大的时候去增加目前极其不足的世界储备。常有人说：“无疑，在出现几乎是世界规模的通货膨胀的时候去增加世界储备，必定是不明智的。”世界储备水平大概和各个国家的成本推动型通货膨胀没有关系。这些储备的低水平，实际上可能在某些国家促进需求拉动型通货膨胀，因为它使得它们认为必须增加进口壁垒，而这些壁垒却会产生出一种地方

性的需求拉动型通货膨胀的效果来。

回到国内方面，政策制定者应从头脑里清除掉任何这种想法：扩张主义措施将产生出物价膨胀的后果，除非是在总有效需求等于或者高于经济供给能力的时候。这个命题，前面叙述过（“哈罗德的二分法”），实际上需要做某些修订。如果需求是等于供给能力，则可能还是需要积极的扩张主义措施使需求继续增长，只是它的速率不能大于经济的自然增长率。

前文已提出，在经济发生过度储蓄的情况下，经济要想平稳地扩张下去，则必须调节储蓄的供给（通过缩减预算节余或者增加预算赤字）。正是这个思想，使得我们从具有“有保证的”增长率的自由放任资本主义的理论，过渡到与技术进步所能造就的发展相一致的增长理论上来。个人和公司所想要进行的储蓄，不再是增长的决定因素；用以取代它的，是那由当前技术进步的性质所决定并且与自然（最适度）增长率相联系着的最适度储蓄率。一旦人们懂得了这一点，这便意味着旧式的自由放任经济学死亡（“新古典学派”经济学也一道死亡？）。这并不是说新动态经济学将不会给竞争与自由市场发挥其优点留下广阔场所以及不注重它们。

现在我们转到最后四个图形上来，它们表明有保证的增长曲线的向上斜率比自然增长率曲线的斜率更小些。当国家处于这一组图表所适用的情况下，便没有足够的储蓄来资助“自然”增长。人们便立即会想到不发达国家的情形。然而，在这个问题上人们应该小心谨慎。其中有些国家的增长之所以缓慢，可能与其说是由于储蓄率低，不如说是由于在获得更多的技术知识以及培育更多的运用技术知识的人才方面遇到了困难。若要问一下，究竟哪些国家是前三个图式的分析所适用的以及哪些国家是属于后四类的，这倒可能是有趣的。但美国应该被认为是属于过度储蓄的那一组(1—3图式)，这一点是确定无疑的。

英国究竟是一个储蓄过多的还是储蓄不足的国家，这个问题问得好。凯恩斯非常肯定地认为它是一个储蓄过多的国家，而且正是这种看法导致他去制定他的失业理论，并在20年代初就把公共工程推荐为一剂药方。在两次大战之间的大部分时期内，英国的位置大概可以用第3图式来代表。如果这个说法不错，则凯恩斯派关于英国应再度通货膨胀的建议在所有三方面的情况下都是好的。

自第二次世界大战以来，英国在图示上的位置并不那么清楚。它在战争中遭到了严重的打击。在国内方面，它所遭到的打击，或许没有像德国和荷兰那么严重。但是它的对外收支所遭到的打击，则很可能是世界上最严重的。恢复对外收支平衡，就需要有超乎正常情况的投资。这一点也许可以说明:英国在表明战后人均产量的增长情况的国际比较表中的成绩，何以这么可怜。

在最近时期，英国的现象看来似乎变得越发和美国的情形相像，GNP国民生产总值接近停滞，再加上工资—物价螺旋上升非常激烈。但这种类似可能是表面的，英国可能仍是一个储蓄不足的国家。在最近三年中，英国财政部已在实行预算节余，这项节余对于英国以及世界上任何重要国家来说，都肯定是空前的最高纪录。我也不能够担保某个稍许次要的国家能够偶尔在短时期内搞出比这更多的节余来！

英国的预算节余在1969—1970年达到它的顶峰，计24.44亿英镑，约占国民收入的6.2%。如果没有这笔异常巨额的政府储蓄，则英国或许已表现为一个还有相当大的需求拉力在发挥作用的国家。

说来也够奇怪，英国政府当局已倾向于缩减其纳税者所做的这种英勇努力。它已更加着重于政府的“借款要求”。在1970—1971年节余稍有下降，降到17.57亿英镑，除了1969—1970年的英国外，这仍然是空前的和超过所有国家的最高纪录；估计在1971—1972年将是23.16亿英镑。

第二次世界大战后，英国根据民主程序决定把许多重要的和需要进行巨额投资的工业实行国有化。它也把大笔款项贷给地方政府。“借款要求”，是在把所有这些以及其他相似的支出都加以考虑之后，再进行计算的。扣除了全部开支，政府在1970—1971年度依然能够少量地还清4,300万英镑国债。在1971—1972年度，估计还将有68,300万英镑的“借款要求”——这笔数额并不算大。

社会主义制度以外的大多数国家，并没有像英国那样把那么多的行业实行国有化。国有行业或者地方政府所开支的资本支出，不应该算为“政府支出”的一部分。毋宁说它们构成为政府的可处置资本供应，这是为资助它所直接或间接授权进行的投资所需要的。在战前，个人和公司是从其储蓄中，为后来被国有化了的企业筹集资本形成所必需的款项。由人们为此目的而筹集起来的钱，无论这些人是像过去那样作为投资者还是作为纳税者，都应算作国民储蓄。国有化没有使它产生差别。因此，应该用来算作政府（纳税者）对于总国民储蓄的贡献的，是“预算节余”，而不是“借款要求”。

人们对英国政府的代言人何以对“借款要求”比对堂而皇之的预算结余更为倚重，感到诧异不解。其动机大概和他们的选民有关。如果把预算结余之真相更广泛地公之于众，则纳税者方面可能会起来反抗。“战前是由那些负担得起的投资者为收取利息而向各种机构供给资金，而现在究竟为什么要我去为资助各种机构的投资要求而纳税呢?”这种反对意见应当是绝对正确的。我深信，绝大多数公民并不了解正在发生的情况。别让他们了解真相，正符合小心谨慎的财政部的想法。

但是，这种政策却损害了英国的国际声誉。在全世界，一般都把它看作是一个相当省吃俭用的国家。事实上，它的储蓄率在1969年竟高达到22.6%。自然，这些事情，在国民收入问题的蓝皮书中都做了正确的阐述。但并不是每一个人都研究过它。

然而，在不实施这种财政大紧缩的情况下，英国是否可以算作是一个储蓄过多的国家，这仍然是一个没有解决的问题。

在这部理论著作中，我不打算对各不同国家的情况进行估价。人们通常而且大抵上也正确地设想，大多数欠发达的国家没有足够的储蓄使得它们能够发挥其增长的潜力，但在它们这种情况下，正如业已指出的，就应该记住缺乏能胜任工作的人才可能是实际的瓶颈。某些发达国家也无疑有储蓄不足的情况。

图表中4—7(包括图4、图7在内)代表储蓄不足的情况，即那里的有保证的增长率低于自然增长率。所有这四个都是有冲突的情况。所有那些情况，都说明对于长期增长均衡来说，持久的扩张主义政策的影响是消极的。如果它们要想达到可能达到的增长，则这些国家便必须储蓄得更多些。但是，持久的通货再膨胀对于储蓄是有害的。这在财政方面明显如此——预算节余减少或者赤字增加。低利率对于个人储蓄的影响，可能是令人怀疑的。持久的低利率，从长期看大概将降低正常利润率。如同乔安·罗宾逊教授这样的一些经济学家所强调指出的，若利润中被储蓄的比例达到大于其他收入中被储蓄的比例的地步，则固定利润率的降低将对储蓄不利。

可能再次发生思想上的抵触。扩张主义政策本来是旨在增加，而且也确实增加了投资，但投资等于储蓄，因此扩张主义政策会增加储蓄。这一点不容否认。但问题在于：在一个储蓄不足的国家里，执行扩张主义政策，便会减少投资总额；而这个投资总额，人们本来能筹集到而又不致引起需求拉动型通货膨胀以及可能由此产生的工资—物价螺旋上升的加剧。

凡是存在冲突的地方，便没有绝对正确的政策。它变成了一个判断问题。这和所谓的“价值判断”——一种愚蠢草率的用语，近来已闯入到严肃的经济学著作中来了——毫无关系。实际上，“价值判断”是一个没有意义的用语，如果你考虑这个用语中的那两个字本来意义的话。[1] 在我们讨论的情况中，“判断”一词与“价值”无关，倒是与事实的真实情况有关，即与究竟哪一种选择将最大地增进人类幸福——应用经济学的目的——有关。“判断”是需要的，因为可供利用的观察材料——这些是经验问题——并没有给予我们以足够精确的资料，以便提供为数理经济学家所需要的

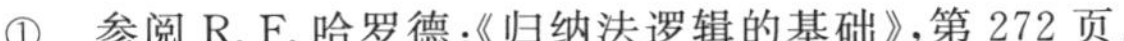

① 参阅 R. F. 哈罗德：《归纳法逻辑的基础》，第 272 页。

方程式的参数值。

这些图形并未包括三种增长率都有同一斜率的那种幸运的情况。为了防止脱缰越轨运动,货币政策和财政政策仍然是需要的。

在第四种情况中,从充分就业的位置开始的实际增长曲线,有一个比自然增长曲线更低的斜率;很显然,在充分就业的位置上,实际增长曲线不可能高于自然增长曲线。这一情况从属于这个我们必须经常铭记的条件:自然增长曲线的定义,包含有这个意思,即应该把一定比例(也许是一个不断增长的比例)的国家资源,拿去从事于提供舒适条件(如维护乡村环境等等),而这些资源在计算 GDP 时往往略去不计或被低估。于是,可能发生这种情形,即按 GDP 计算的实际增长超过了这种定义下的"自然"增长。可能动员了过多的生产资源从事于生产供买卖的商品和劳务,从而剩余下来用于提供舒适条件的则嫌不足。实际上这在先进国家内是一种屡见不鲜的现象。这时,便应该运用通货紧缩来减少对供买卖的商品与劳务的需求量,腾出资源来从事于提供舒适条件。净效果将是中性的,因为需要用来减少对买卖的货物与劳务的需求的通货紧缩政策,将为花在舒适条件方面的开支增大所抵消。当然,这是假设这类开支一定会发生。

图 4 中实际增长曲线有一个低于自然增长曲线的斜率,这一情况,便招致失业到时候终将增长。从这一观点看,则需要有某种扩张主义政策来维持充分就业。但是,实际增长曲线往上升而超过了有保证的增长曲线,这就使得需求拉动型通货膨胀行将发生,除非是采取了通货紧缩的措施。这样一来,我们便有了一个冲突。或是忍受不断增长的失业,或是采取将引起需求拉动型通货膨胀

的措施，而这个通货膨胀可能会（或者可能不会）引发工资—物价的螺旋上升。认为人们能够搞出一种完善的政策，它一方面防止失业的增长而另一方面又不致引起需求拉动型通货膨胀，这个想法在经济学理论中则是毫无根据的。

为了解决迄今所提出的冲突，有两件事是我们必须知道的。（还有从第3栏中产生出来的更进一步的问题。）

（1）我们需要知道，失业的增长（譬如说比最低限度的摩擦失业水平高出1%）给人们带来的痛苦有多大，以及通货膨胀率的增长（譬如说比在其他情况下高出1%）给固定收入的人们所造成的痛苦有多大。但这是一个社会学领域内的问题，不能指望经济学家这样的人成为这个问题的专家。它需要进行实地调查。

（2）我们需要知道，在这种冲突情况中，这两种祸害之间实际上相互抵消了多少。例如，为防止失业增长1%所需要采取的措施，是否可能需要有3%的物价膨胀呢？这个物价膨胀是由于需求拉动而引起的，但也可能因需求拉动影响到工资—物价螺旋上升的加速而增大了。这个问题属于经验主义经济学的领域。显然没有一个事先现成的答案。

接着，我们还必须考虑第3栏。如果扩张主义政策必须维持一个相当时期的话，则它们就可能降低正常的有保证的增长率。在图形中，它在始点时就已处于自然增长率之下。如果它还进一步降低，那么，在将来，我们有时必须忍受的失业量和物价膨胀量将进一步增长。这个情况，值得予以重点考虑。

对于这个迫切问题，须经更加深入的调查才能做出正确的答案，这个答案看来是想要竭力把补救措施做得迅速而干脆利落。

一轮短暂的通货膨胀，如果这是为防止失业所必需的话，就不应对储蓄倾向产生不利的影响。但是，这并非一个长期的解决办法，因为，如果有保证的增长率继续低于自然率的话，则经常发作的老问题将出现。

对于长期的问题，部分的答案是用由政府当局通过自身进行储蓄的办法来补充私人的储蓄供给。许多欠发达国家显然是需要这样做的，因为那里的储蓄倾向孱弱。用增加总储蓄的办法，政府当局能够使得有保证的增长曲线可能与自然增长曲线一致，以及使得这个国家能够实现其可能达到的增长。

但是，短期问题的答案如何呢？图表表示出失业有一种增长的倾向。政府当局要相当大规模地进行额外储蓄，只有通过从公民的口袋里攫走购买力的办法才能够办到，而且这样做将加强失业的趋势。我们是处在矛盾的最中心点上。

这个问题的答案是：通常使用的货币政策与财政政策那种治疗方法无济于事。政府当局必须自己开始进行投资。然后，从公民口袋里所收回的购买力（这本身造成失业），才会为那些根据新投资计划而获得就业的人们的收入所抵消。不要美滋滋地以为依靠货币政策和财政政策，就可以确保充分就业并避免需求拉动型膨胀。（工资推动型通货膨胀完全是不同的另一回事，而且明显地不可能用货币政策与财政政策来加以控制。）某些经济学家，仍然生活在一种梦幻的世界里。和自由市场资本主义的旧式学说不同，他们大多数人已同意说用货币政策和财政政策来进行审慎的管理是合乎需要的。但是，这并不够用！在那些储蓄率高而遭到我在论及第二种情况时所讨论的困难的国家里，这个学说也许可能得救。而凡是储蓄率属于低水平的地方(图式中的4—7情况下的国家),就必须把传统学说抛弃掉。可谁又能够说得出在世界范围内有多少个国家是属于低储蓄的呢?

在情况5中,需要有扩张主义政策,既是为了制止失业之增长,也是为了防止需求的紧缩。但是,对于长期问题,却依然有对立的考虑。同样,突然搞一阵扩张主义而不延续到足以影响保证增长率的程度,这种做法的结果会是好的;但是,也应该再度考虑一下长期形势,在这种情况下增加政府的储蓄,同时又增加政府的投资,这种做法同样是合乎需要的。

第六种情况,乃是第四种情况的强化型。假设初始时有失业,即使如此,采取扩张主义的货币政策与财政政策就将立即引起需求拉动型通货膨胀,如同第二种情况一样。在这里,人们大概也应该实行一项短期的扩张政策,为了医治失业而坚决地把脚踏在加速器上。为此,将必须接受某种物价膨胀。但是在这里,为了防止有保证的增长还要进一步地滑到自然增长以下,人们又再次需要大大增加财政上的储蓄,并同时追加足够的政府投资来抵消它。情况7和情况6相似,只是扩张主义政策将不致引起短期的需求型物价膨胀。

在所有四个情况下,因为私人储蓄都不足以使有保证的增长等于经济所能够达到的增长率,故应该用政府的储蓄以及相同数额的政府投资来予以补充。仅仅只是预算节余并不会使得这些例子中的国家沿着正确的途径运动。这也就需要投资有平行的增长。在前文中,我已把这个额外投资称作政府当局的投资。这对于许多国家,特别是对于欠发达国家来说,也许是适当的。而在比较先进的国家，情况可能是这样，能够用补贴私人投资的办法来达到同样的效果。这种方法却未必会产生那么可靠的后果。对投资实行补贴，近来，特别是在高储蓄的国家，已是颇为流行。但是它们在这些国家并不适用。

还可能有思想抵触。在低储蓄的国家里，人们可能同意应该用政府储蓄来补充私人储蓄。但是，在这样做了之后，为什么不让私人企业担负起把由额外储蓄资助的额外投资运转起来的工作呢？麻烦在于私人企业可能缺乏这样做的动机。为了把储蓄总额提高到适当的水平，政府当局需要降低公民的购买力。私人企业生产者便会遇到社会对其产品的需求减少的情况。在那种背景下，他们不见得会增加他们的投资。考虑一下像印度那样的储蓄率已显著地低的国家。政府十分正确地决定补充私人储蓄。就在这样做的过程中，它必须降低对消费品的需求的增长。这就将减少对私人企业保持其从前投资步伐的刺激，更谈不上增强它了。或者，我们考虑一下有争议的俄国的情形。社会主义者的观点是认为在沙皇制度下未曾有过充分的扩张。事情倒很可能是这样：即社会主义者对于沙皇政府在20世纪初实际上为俄国所取得的成就并不以为然，那是一个枝节问题。除了主张事事都必须由政府来决定和举办这个一般社会主义学说之外，还有更为特殊的观点，即认为俄国需要一个高得多的投资率。在早年，这个政权曾受到批判，说它过于强调发展基本投资品制造工业，而不惜以消费者蒙受巨大困难为代价。但是，等到第二次世界大战来临了，他们的同盟国便感谢他们曾经这样做；这帮助了他们生产战时的军需品。在最近十年中，他们已把他们的侧重点移到了消费品上来。

在这里，我们对于人类事务中如此至关紧要的原则，却做了另一种说明。如果每个人都各自干某种事情，这并不会给他带来什么优越性；但假如有许多人同时干，他们便都将得到好处。在一个不发达的社会里，可能没有办法召集一大群人独立地和同时地去做一切急需的事情。如果事情要按照适切的规模来办，便可能不得不由政府来做。

令人担心的是，并没有给图表中所摆出的各种冲突情况，都准备好整齐完备的解决办法。冲突是真实的，而且不可能认为它不存在。

货币政策和财政政策在各方面的运用问题，已考虑过了。但普遍都认为，这些政策不能经常对那可能蜕变为工资—物价螺旋上升的成本推动型通货膨胀产生任何重大影响。为了解决这个问题，就需要有一种全然不同的武器，即不管是根据自愿还是命令，用冻结物价和工资的办法（通常称为"收入政策"）来进行直接干预。传统的货币政策与财政政策有着十分复杂的问题要解决，而这些传统的政策并不包括那种直接干预。可能发生这种情形，即有时需求拉动型通货膨胀可能使得工资—物价的螺旋上升要比在其他情况下上升得更高。在那种情况下，消除需求拉动型通货膨胀，也许会减慢工资—物价的螺旋上升的步伐。在这方面，应该记住即使在失业大大超过摩擦性失业水平的时候，也可能发生需求拉动型通货膨胀。我们已看到，在某些冲突的情况中，例如为了减少失业而忍受某种需求拉动型通货膨胀，可能还是可取的。如果保证有另一种方法，即有"收入政策"在对工资—物价的螺旋上升进行监视的话，则这种选择便简单了。那将使得在温和的需求拉

动型通货膨胀与对出现相当高的不必要的失业听之任之之间做出选择，变得简单。

承认有这种可能性，即消除了需求拉动型通货膨胀便可能(事情并不一定)在某种情况下减缓工资—物价螺旋上升率，并不意味着这种消除也将消除掉工资—物价的螺旋上升。后者经常在没有需求拉动型通货膨胀进行的时候发生，因此，不应该设想消除了需求拉动型通货膨胀将可医治物价的膨胀。那种认为通货膨胀额(绝对地)就是就业水平的直接函数的观点(“菲利普斯曲线”)，并不是可以接受的。工资—物价的螺旋上升率，主要是一个社会学问题，而不以市场力量为转移。这并不是要想否认，如果把需求紧缩推行到造成一个实在可怕的失业水平(譬如说20%)的地步，就可能使工资—物价竞赛停止下来。这是因为，那时已造就出一种危机的气氛；这种办法的疗效是一种社会学现象，而不是一个依靠市场力量发挥作用的结果。除非是同意有必要采取一项“收入政策”并且加以实施，否则我们便不可能冀望找到一种可以接受的解决物价膨胀问题的办法。同时，在极为复杂的社会里，必须不时地把失业增加到造成一种危机的水平，这个问题显然不应该属于正规政策方案之内。所以，在任何合理的计划中，我们都应该做这种假设：对于工资—物价的螺旋上升的发展趋势，正在用其他方法予以监视，而不能冀望用公认的货币政策与财政政策予以控制。

在前面对各种不同情况的分析中，我愿强调指出两点。一个国家若有产生出比它能够有效地用于净投资的还要多的储蓄的倾向，则它的问题显然没有那个储蓄还不足的国家那么尖锐。关于前者，只是在图表所说明的三种可能的情况中的一种情况中才出现冲突(情况2)。在这种情况中,要紧的是,在景气达到顶峰,就业达到它的最大限度甚至过度扩大的时候,就应该根据过度储蓄数额的大小来实行减税,或者缓慢地减或者猛减。这里有一番貌似荒诞实则不谬的道理。但是,应用经济学的正确理论中都充满了这种貌似荒诞实则不然的道理。这大概是何以政策近来竟是如此地不能令人信服的原因。天真的想法总倾向于推想减税的恰当时间乃是在经济处于停滞或衰退阶段的时候。这想法便错了。减税的恰当时间,乃是在失业达到最低限度而又出现了这种可能性(接近于肯定)的时候,即失业在适当时候将增加。为此目的,负责的政府当局在失业一显示出任何上升的征兆,抑或宁可在这之前,就应该严阵以待并准备实行减税。为了就这个适切的时点做出正确的判断,便需要情报。在达到充分就业之前的时期偶尔会发生这样的情况,即储蓄与投资二者都异常高,某种下降已不可避免。但是,实际的下降可能是过分的。这种过分的下降,作为某种可能要发生的事情而被默许了。但是如在景气的顶峰时不失时机地迅速地减税,使得对最终产品的要求得以按与该国的高储蓄率相适合的速率增长,则因此而需要的投资额以及计划的与进行的投资额,都不至于降得那么多。

第二点是关于储蓄不足的国家。在有关的情况中,依我看来,必需要由政府当局承担起巨额的追加投资。对于政府当局来说,恰当的做法是,用政府的储蓄来补充低度的私人储蓄,以便确保这类国家能有足够的总储蓄,去资助那些为保持与这些经济的潜力相当的产量增长所必需的投资,而又不致引起需求型通货膨胀。但是,正是这个补充储蓄(把税收增加到现行水平以上,或者上升到预期为政府日常支出所需要的水平以上），将减少货物购买者的口袋里的购买力，因此，这将使得聪明人会预期到对他们所生产的东西的需求可能下降，或者这种需求的增长率能有所降低。于是，他们便没有加速他们早先计划好的投资率的动力，而宁可背道而驰。在此情况下，如果因预算节余引起的储蓄增加需要予以平衡而想要增加投资的话，则政府当局必须自己来增加投资。否则，投资将不会增加。那个打算用与政府支出成比例地增加税收的办法而获得的增长了的储蓄，用D. H. 罗伯逊的名言说，将恰如泼水于地，瞬刻即消失；增长了的政府储蓄，将因公司由于利润下降而减少的储蓄所抵消。若没有追加的政府投资，公司利润将下降，致使公司储蓄的减少与政府储蓄的增加相等，以致没有储蓄的净增长。

此时此刻，应该就所谓"指示性计划"的问题发表点意见。这个观点，曾经风行一时，但近来很少听到有人谈论它。依我想来，这个思想已随着最近时期经济思想的质量下降而消逝了。指示性计划之风行，已经被所谓货币学派经济学家所提出的完全不能接受的学说所取代了。我赶紧重申，我自己是深信适当调节货币供给能够对增长施加有力的影响的。我希望本书所写的已证明了这点。但是，那种认为按一适当的比率来增加货币供应就能解决一切增长问题的观点，却是地地道道的胡说八道。增长（与经济能力相适应的）理论所涉及的问题，要复杂得多。

靠指示性计划的理论而使自己获得最迅速的发展的国家，乃是法国。法国依据指示性计划的政策所得到的增长率，在当时可能是世界上第一流的。德国可能已接近于堪与之匹敌；但是，我们从过去经验中知道，战败国通常在战后时期要比那些战胜国干得出色。正如格言云,“愿置之死地而后生”。(比较一下 1945 年以来的德国和日本。)

“指示性计划”的思想,是要确定在未来的,譬如说五年期间可以达到多大的增长。中央当局进行某些计算,然后四处通知各行业的代表。自然,计算中必然包含有某些部门的增长率高于其他部门。当局设法向每一行业了解一下这种增长率对它来说是否可行。他们从一些行业得到回答说,“我们能干得比那个更好”;而从其他行业则可能得到否定的回答说,“我们并不认为我们能够增加得那么多”。

根据这种回答,“指示性计划”可能要修改,并重新再发生问题。从理想上说,必须经过很多这样的来回,直到可能实现的最大增长计划大体上为各不同部门所赞同时为止。实际上,这个程序大概不会进行得这么彻底。但是,政府的计划,将根据那看来多少可以行得通的东西来决定。

其目的是:这个最终计划必须是看来在一定限度内对于各个不同部门多少都是可以实行的,而且各部门将据以行事。

该“计划”应该大体上指示出每个部门可以预期需求有多大的增长。这个需求可能会比每个部门在没有该计划的情形下所预期的要大些。所以,每一个部门,由于确信需求将比在没有该计划时有更大的全面扩张,便会比在其他的情况下投资得更多些。政府方面,保证把它自己的需求增大得像整个计划所指示的那么多(这可能有重大意义)。这就给私营部门在实现它的任务方面以很大支持。

因此,如果私人企业总的说来并不相信市场的需求(若听其自然)将会增长得足以证明平均的合意的增长率之正确,在此情况下,则“指示性计划”可能在这二者之间——让增长率跌到它的最适度水平以下,或者单靠政府投资(社会主义)担负起生产为确保“自然”增长所必需的追加资本品的职能而使增长率上升到最适度水平——提供出一个折中办法。

货币政策和财政政策,能够一道确保总需求的增长与经济能力相适应;但是,它们常常无法做到既这么干而又不招致需求拉动型通货膨胀。“指示性计划”也许能够做到这一点,而且在这方面,它是一件高级尖端武器。

第八章　对外贸易

在早期传统经济学那里，对外收支是被假设为会自动地归于平衡的。如果实行的是金属本位而且货币又是可兑换的，那么，当国际收支不平衡时，金或银便会流进或流出并且造成国际收支盈亏之间的差额。金银的这些流通，是通过改变国内货币供给量而影响国内的价格水平的。金银外流，便会抑制国内价格，从而刺激出口和抑制进口，反之亦然。这个进程会缩小并且会最终弥补对外收支的缺口；这时，金属的流通便会停止。

如果货币不能兑换并且对外收支出现了不平衡，则外汇率就会离开官方平价。通常认为这时会发生下跌的情形。它对于国际收支的影响，跟国内的物价下跌运动对它的影响相同；它会使得本国产品对于外国人来说显得更便宜，而且使得本国产品对于国内购买者来说也显得相对便宜。为了确保平衡，汇率就会移到它应有的水平上。

在货币可以兑换的地方，如果还须保持兑换能力的话，那么到时候，人们就终于会认为必须要由政府当局实行某种干预。随着银行制度的发展和银行存款的增长，贵金属在每个国家的货币供给总额中便逐渐占有一个越来越小的份额。于是，由于金属外流而引起的这个供给总额的减少，也许不至于按比例地减少到足以使物价降到可以消除不平衡的程度。黄金(或白银)储备也许耗竭,或者减少到一个引起麻烦的低水平上,而不平衡状况依然存在。于是,兑换也许必须中止。通常人们都认为,应该尽一切努力以避免出现这种情况,也许在进行大战的情况下例外。

因此,政府当局便逐渐感到,它们的责任就是要采取行动,用减少国内货币供给总额中其他成分(即各种形式的银行货币)的办法,来加速调整进程。这似乎已经圆满地说明了银行制度如何能够保持顺利运转的学说。

但是,关于这个看来似乎精美的制度的作用方面,有两个非常严重的问题必须提出来。

有一个问题,可以称为凯恩斯主义的批判。这是他在 20 年代初特别关心的一件事情,对于他后来的整个思想也有影响。在对外收支出现逆差的情况下,政府当局便用减少银行货币供给的办法来加速调整进程。中央银行是利用提高银行贴现利率和缩减各种形式贷款的办法来进行调整的。这种做法,应该使得物价降到与外部均衡相适应的水平。但是,它还另外干了别的事情,而且依凯恩斯看来,另外干的那种事情还更为重要得多。在缩减货币供给的过程中,它使得企业借款变得更困难;这将使得企业减少它们原本打算的订货量,减少它们本来能够开展的新业务,而这些反过来又会减少就业。他认为,一项紧缩货币的政策,可能在减少就业方面要比它在压低物价方面更有影响。而且,谁都不否认,在改善对外收支平衡状况方面,它通过减少**实际**收入以及从而减少公民们购买外国货物的能力,可以比国内物价可能发生的任何下跌,发挥出更加强劲有力的影响作用。那么这个制度究竟是否像金本位倡议者所主张的那么优美和令人赞叹呢？一种靠汇率变动来确保调整的进行的制度，岂不是更为可取的吗？

顺便说一下，我们已看到了货币管理所面临的关于三个增长率的各种情况的非常复杂的问题。在那里的论述中，并没有涉及对外收支平衡问题。我们到时候将需要考察一下，对外收支平衡问题是否引起了进一步的冲突。

第二个关于"优美的"古典派对外收支理论问题，是和需求的价格弹性有关的。传统的理论说，国内物价相对于国外物价若是下跌了，则将改善对外收支状况。现在大家都非常清楚，这个意思是说：外国对国内货物的需求的价格弹性，和国内对外国货物的需求的价格弹性，二者加起的和大于1。如果本国的初始情况是一种逆差情况的话，则它可能稍许小一些。这些弹性的和，何以定会如此之高，这并没有什么先验的理由。精明的经济学家已倾向于采取这一观点：虽然它们的总和在短期内很可能太低，但在长期内倒很可能是大大超过1。但是，麻烦的是，在达到长期之前，可能发生各种各样破坏性事件。

英国人在19世纪泰然地依靠传统学说，而且看来把他们的收支平衡问题管理得蛮不错。这使得他们能够顽固地坚持自由贸易政策。然而，要指出的是，英国着重依靠运用货币措施来影响国际资本的流动；关于这方面，英国曾在世界上占有非常重要的地位。其他国家似乎已感到有必要依据它们的对外收支状况而随时地改变其保护主义的壁垒。也许有人会争辩说，其所以如此，是因为它们的经济学落后，还不懂得自由贸易的无与伦比的利益；或者，有人还可能争辩说，它们尚未开始懂得，怎样对货币供给进行恰当的调节，便能够保持对外收支的平衡。还有别的说法。也许需求的价格弹性还不够大，而且许多国家总觉得它就是这样；也许英国顺利地实行了自由贸易，并不是因为价格弹性足够大，而是因为它们在国际资本市场上有更加有影响的地位。关于国际资本的流动问题，将在下一章加以分析。

以上所述是在宏观—静态领域内的一些一般的议论。下一步就需要着手研究关于对外贸易平衡问题的动态理论。为此目的，从几个主要的方面来研究这个问题，可能是有益的。

我们可以从粮食进口开始。进口，应该既联系收入增长也联系相对价格趋势来加以考虑。收入增长，分成由于人口增加引起的增长部分以及由于整个生产率提高而引起的增长部分。就粮食来说，则人们便会推想，在一个平常主要依靠进口粮食的国家里，由于人口增加而引起的粮食进口增长部分会有一个大于 1 的弹性。对粮食的边际追加需求，较之整个粮食需求，将有一个更大的比例仰赖于进口，说得通俗点，即一国能靠自己生产来供养的人口比例下降了。

另一方面，国内粮食生产的生产率增长可能大于人口的增长。在这种情况下，则由于人口增长造成的粮食进口的增长可能下降，其实甚至可能降到人口增长率之下。

国民收入总增长中属于整个生产率增长的部分，对于粮食需求有影响，但这种影响在穷国和富国之间，可能显著不同。如果是非常穷的国家，则粮食需求的每人平均收入弹性，甚至可能超过 1。如果那些穷得吃不饱的家庭，居住于陋室，衣仅蔽体，除了必需品之外别无他物，一旦收入稍有增加，它们便认为优先添置点粮食是一个好主意。全部增长的收入可能都花在粮食上，抑或不管怎样，全部增长的收入中花在粮食上的比例，总比他们的收入总额花在粮食上的比例更大，使粮食需求的收入弹性大于1。自然，他们自己的收入之所以增加，可能直接就是由于他们粮食生产的增加造成的；这就是糊口谋生的经济；他们生产出更多的粮食，并且把多生产出来的消费掉。但是即使在最穷的国家里，总还有些国家并不完全从事粮食的生产，生产率的提高可能来自非粮食生产的领域里。这可能会，也可能不会由于那些生产剩余粮食但自己不去消费的粮食生产者提高了生产率而得到平衡。一会儿我们就将讨论出口问题。已有突出的情况表明，国内粮食消费的提高，其主要影响与其说是在进口方面不如说是在出口方面。

要是富国的话，则粮食需求的收入弹性有低于1的倾向。人民有足够的东西吃。无疑他们追求更高质量的食品以及各式各样更可口的东西。但是他们可能以比其粮食支出更高的比例来提高它们的非粮食支出。

在粮食进口需求的收入弹性中，生产率成分依赖于(1)农业生产率增长对于一般生产率增长的比率，以及(2)当前靠本国生产所供应的粮食消费的比率。这些比率愈低，则粮食进口需求的收入(依生产率为转移)弹性便愈高。

价格弹性问题，必须予以考虑。标准类型的粮食，是在完全竞争条件下出售的，并有世界价格。这并不是说，它们在各个不同的国家里价格都一样。相反，众所周知，粮食是要接受国家调节和严厉的贸易限制的。它大都摆脱了关税与贸易协定有关那些方面的正式规定的约束。人们还不得不给各国价格趋于相等的倾向加上正式的障碍——运输成本,等等。

关于国际收支平衡的传统观点乃是:要是有逆差,则黄金外流,再加上适当地收缩银行货币,就会使本国物价相对于外国物价受到压抑。要是在货物有着世界价格的情况下,当地货币供给的收缩,对于本国货物的价格将没有任何影响。结果在本国价格和外国价格之间,不会有重大的差价而有助于补救对外收支平衡;财政政策也不会有助于制造出这么一种差额来。再则,如果通过改变汇率而找到一项调整对外收支的办法,则进口价格就将上涨而且国内价格也将以同一比例上涨,除非是在国内价格补贴数额上或保护制度上做相应的改变。然而,粮食价格较之国内市场上其他物价有较大的上涨,可能会给予国内粮食生产以某种鼓励,这一点是可以论证的。

因此,无论是改变国内的货币政策和财政政策,抑或是改变汇率,都不会通过需求的价格弹性而对粮食进口产生任何影响。前者自然通过收入弹性而产生某种影响。要使粮食进口有重大变动,主要的工具便是直接调节。

在英国,粮食进口增长率近来非常有节制。进口量指数从1965年的102增长到1970年的104(基数:1961年为100)。用这个统计计算来检验,就可能取得用单位价值指数校正过的实际进口数字。用这种方法,人们便得知在从1965年到1970年整个时期内实际粮食进口增加3%。这些数字都充分相似,而且人们可能确信,这个时期的粮食进口的增长率实际上非常之低。在同一时期,全部进口额却从120增加到157(基期是1961年)。国内生产总值按不变价格(1963年)计,增加了10.9%。谁都可清楚地看到，粮食进口虽在增加，但其增长率要比国民收入的增长率低得多。

其所以出现这种情形，主要理由是：(1)本国农业生产率显著提高，以及(2)粮食消费价值对国民收入的比率下降。在这五年中粮食消费指数提高了 36.9%(按 1963 年价格)，这大大低于同一时期内实际国民收入的增长。

支配原料进口增长的原则，并没有很大的不同。我们以类似的理由来说明：(1)一方面预期原料需求的增长率慢于总收入的增长率。随着人们变得富裕起来，用收入中的一个较小比例，就可以购买较大数量的原料，而把一个较大比例的收入用来将原料制成质量较高和受人欢迎的品种丰富的最终产品，同时还用于服务业。另一方面，(2)如同粮食那样，将出现报酬随规模扩大而递减，但给增长了的国内生产施加更有力的约束。如果在重大程度上依靠进口，则对进口品需求的收入弹性，将因和粮食相似的理由而有提高的趋势。

在 1965 年到 1970 年间，英国基本原料的进口从 107 提高到 110(基期为 1961 年)。这个部门容易发生较大的上下波动。在 1965 年到 1967 年这首尾包括在内的三年期间，指数为 103.5，而在 1968 年到 1970 年这一期间则为 109.7。显然，照记录看这个部门有一个突出低的增长率。然而，这里可能有虚假成分。有些产品已从基本原料部门进入了制造部门以便进一步加工。欠发达国家有一种趋向，即把它们的基本原料产物在出口之前实行初步加工，这样就把它们从基本原料部门转入制造业部门，以便进一步加工。在这些国家发展的初期阶段这是一种自然趋向，而且在一些情况下成了政府的政策。

整个说来,对这个部类产品的需求的价格弹性,似乎是低的。为了生产货物,需要有原料,然而,它们在货物成本中只不过占一个较小的部分。无疑,某一特种原料价格若有重大上涨,可能在某种情况下会导致人们热心寻求一种代用品抑或热心寻求在生产过程中节约使用这种原料的其他方法;反之亦然。这类代用办法的范围,可能是有限的。但是,进口原料价格若发生全面的平均的上涨,例如,像由于货币贬值所引起的那种情形,似乎不大会产生这种重大效果:促进把经济力量从物质产品生产转入需要物资较少的服务部门。究竟不断提高的收入中用于购买服务的部分,实际上是否比用于购买物质产品的部分有一个更高的增长率,那将以更带有根本性的原因——消费者的愿望与嗜好之不断发展为转移。

可以顺便提一下,前几年在英国实施的一项愚蠢的税收,即所谓"选择的雇佣税"。这种税收的负担,提高了服务业雇用劳动力的费用,而对工业生产却没有这样。就其究竟有无任何影响来讲,则它会在英国遇到颇为重大的对外支付困难时刻提高英国的进口品货单的费用。有人争辩说,这种税收会把劳动力从服务业中解脱出来而转入生产更多出口品。这点能够用其他方法做到;当时还不清楚的是:实际出口之所以发生重大下滑,究竟是因为交货迟延,还是由于价格的竞争力不强,抑或是由于跟不上世界需要的变化。还有些人争辩说,劳动力从服务业转入物质生产部门,会提高全国增长率,所根据的理由是:当工业生产增长了一定数额时,便有可能把这个领域的生产率提高得比服务业在它们也增长相等数额时所能提高的要多。因此劳动力从服务业转入物质生产部门的这种转换,会使得国民总收入比其他情况下增长得更快。

必须极力强调的是,这和我们专门下过定义的自然增长率的概念不相一致。在这点上,我们必须求助于古典经济学,它的结论依然是有效的,不应该把它束之高阁。动态经济学虽然可以做出自己的贡献来,但古典经济学依然重要。它认为,最适宜的状态,是在个人能够在按照实际生产成本定价的货物中间自由地进行选择的时候才获得的。如果价格被弄得走了样,那么,个人在花销其收入时所得到的满足要小于他不是在这种情况下所获得的。增长政策的目标,就是要使人民的满足得到最大限度的增长。自然增长,本书中已把它定义为:由劳动人口的增长(如果愿意的话,还假定闲暇不断增加)和技术的进步,所能够达到商品与服务的生产最大限度的增长。意思是说:这个最大限度,是指人民最急需的商品与服务的生产而言,而不是指任何一堆杂七杂八的货物。“选择的雇佣税”(SET)关于补贴物质产品生产要比补贴服务业能够增加国民生产总值(GNP)的意见,可以被弄到荒谬的地步。把生产中最近技术进步最大的那个商品找出来。告诉消费者,他们可以买这个货物,其他一概不行。那么,你便会把全国增长率增大到最大限度!

简扼概述一下,对进口基本原料的需求的收入弹性,通常低于1;如果本国经济能够数量有限地生产其中某些原料,则收入弹性在整个时期内可能有所提高,但其报酬将随着数量之增大而急剧递减。价格弹性可能是低的。因此,外汇率的变动对于这一级进口品似乎只有微不足道的影响。至于货币和财政的紧缩政策,如果是在总需求超过经济的供给能力时采用这些政策的，则它们对于这一级进口品可能没有任何影响。但是，如果在总需求已降到供给能力之下后仍然继续执行这些政策的话，抑或那时不论为了什么理由而采用这些政策的话，则它们对于这一级进口品将有某种明显的影响。这些进口品的数量，基本上是经济活动的函数。必须牢记的是，它们易于发生颇为重大的时滞。

我们可以过渡到处在光谱的另一端的那级进口品——加工制成品上来。它们可被指望为有收入弹性。随着人民富裕起来，他们便把他们的收入中一个较大比例部分花费在高级商品上，而且变得越来越爱挑剔了。如果他们环顾一下世界，则他们就必将发现有一个比他们两眼仅盯着本国产品时更加宽广的选择范围。于是，随着他们的收入增长，他们就将把收入增加部分中一个日益增大的比例部分花费在外国产品上。这就使得对进口加工制成品的需求有一个大于一的收入弹性。

在英国，近些年来嗜好似乎显然已发生了特殊的变化，即越来越偏好外国货。这个情况，跟上一段中所解释的更为广泛的考虑不同。那里的收入弹性之所以高，是由于对高级商品挑剔得更加厉害，为了寻找最好的商品而跑遍世界各地去买。对外国货的特殊偏好（就因为它们是外国的），这一点稍许不同。同样的现象，似乎在美国也已发生。这是一种一次性的变革，尽管它能够继续进行许多年甚至几十年。虽然收入中用来购买那些须跑遍世界才买得到的物品的比例，将继续不断提高，直到国内每一个人都像克洛苏王一样富有，但这种对外国货的偏好看来似乎只是一时的时尚。去设想这种对外国货的偏好（单单只因为它们是外国的）竟会无限期地作为不断提高的收入的一个正函数，是毫无意义的。

在这个部门，价格弹性似乎是很高的。如果与本国产品几乎相同的外国货相对于本国产品讲变得更贵了，则对外国货的购买就将衰减下来；反之亦然。

加工制成品，包括资本品——机器、运输装备等等。在英国的情况下，进口的资本品成品近来已超过进口的消费品成品的价值两倍多。就资本品成品讲，人们当预期它的价格弹性是高的。

在近来英国的经验中，其他的考虑似乎要比可能存在过的任何价格弹性都更为重要些。在 1965 年到 1970 年间，每月进口的加工制成品的平均价值，从 7,400 万英镑增到 17,100 万英镑（即 131.1%）。这种增长，虽不是规则的，却是持续的和递增的，而且没有任何东西表明 1970 年是一个反常的年份。国民收入（货币值）只增长了 36.6%。在这个时期，进口的加工制成品的价格指数，从 109 增加到 142，即增加 30‰。如果我们把这个价格指数应用到加工制成品上，[①]则我们便得知：这些进口品数量增加了 77%。这个时期的实际国民收入，只增加了 11%。

与此同时，本国加工制造品的价格指数，从 106 上升到 128，增长了 20.8%。因此，就物价而论，本应该转向本国产品。但是，其他的考虑超过了这个因素。这类可追溯到 1965 年以前的英国

① 官方的统计，并没有就有待进一步加工的加工制造品和加工制成品，提供出各自的价格指数和数量指数。如果为了缩小加工制成品的进口价值而在使用加工制造品的价格指数中包含有什么不准确性的话，那么，还用这个指数来缩小尚待进一步加工的加工制造品的进口价值，则必然包含有一个数额相等而方向相反的误差；因此，整个情况保持不变。

经验——如果追溯得太远，则情况就被依然保留着的战后进口限制以及取消这些限制的后果弄得混乱不清——可能是例外的。但也可能并非完全如此。因为人们会预期到这一品类的进口品是最富有价格弹性的，所以英国的例子定会就人们把汇率灵活性看作是在一切情况下调节对外收支不平衡的万灵药一事，提出警告。而且，它表明，即使工资—物价螺旋上升(本身是件有害的坏事)缓和些，对外收支的状况由于受进口的影响也不会有什么改善。

半成品(有待进一步加工的加工制造品)是介于基本原料和加工制成品之间处于中间状态的东西。在光谱的一端它们和基本原料最相似，人们会料想在它们受时滞支配的增长和实际国民收入的增长之间，有着强烈的相互依存关系，但需求的收入弹性小于1。人们会料想到它们的需求价格弹性颇低，虽然并不像基本原料那么低。在英国这种情况下，人们已经注意到，以前被列为基本原料的产品在不发达国家进行初步加工所造成的影响，以致一些进口物品便从那个品类转出来，而归入“有待进一步加工的加工制造品”品类。这个情况，部分地说明了：何以这个时期英国的基本原料进口的增长非常滞缓，而有待进一步加工的加工制造品的进口却增长得非常猛烈。这种调换，也许影响一切发达国家的对外收支平衡。从它们的观点来看，这个影响是不利的，但从世界的观点来看，它却是良好的，理由有二：(1)不发达国家的收入边际效用较低，因而由于它们加工原料而把收入从发达国家转到它们手里，那么按人类幸福讲便带来了纯利得；(2)对原料进行初步的加工，可能是不发达国家发展更加高级加工程序所必不可少的一个步骤。那种认为不发达国家和那些更为先进的国家之间的主要贸易关

系，将永远是用粮食和基本原料来交换加工制造品的看法，当然是完全过时的。

在有待进一步加工的加工制造品的光谱的另一端，人们可能看到的是加工制成品的近亲。在这些情况下，人们预期需求的价格弹性会大于1。

在英国的情形下，在所考察的时期内，有待进一步加工的加工制造品的进口增长率是非常高的，虽然还没有高到加工制成品的进口增长率那样的程度。在这五年期间，有待进一步加工的进口加工制造品的价值，增长了84%。这比加工制成品进口价值的增长(131.1%)少得多，但却超出了英国增长率的一般水准。如果我们把这个时期进口加工制造品的价格上涨扣减掉，我们便得到39.5%的数量增长。这个数字还是远远高出于一般实际增长率，却大大低于加工制成品的进口增长率。某些基本原料转入有待进一步加工的加工制造品部门，只能说明这种增长的一小部分。人们必须再次设想，在从英国的加工制成品中转入外国加工制成品的运动中起作用的那一类原因，对于处于光谱中更加靠近于加工制成品那端的有待进一步加工的加工制造品也起作用。这就说明了对于那种认为外汇率的灵活性必将通过它对进口品的影响而有助于纠正逆差状况的设想，更加有必要小心提防。

当我们转向出口问题时，主要应该考虑外部世界的状态。它是处于景气还是不景气之中？它在这方面的状况，乃是决定着本国出口的增长(或下降)率的最重要因素。它的出口通常将不是均匀地分布于全球；它对向某些国家出口比向其他国家出口将有着更大的兴趣。因此，更有重要意义的，是前一类国家的形势。

如果在国内出现充分就业的时候，出口的增长率提高了，则将引起需求拉动型通货膨胀，除非是采取相反措施。我们应该依次考虑各种不同的情况。

大体上可以说，出口机会的增加，自身既不改变自然增长率，也不改变有保证的增长率，除非是通过改善了的“贸易条件”的影响。但是，如果有着较高出口需求的商品，当前已受着高于社会平均水平的技术进步所支配的话，这种情况便会提高自然增长率。偶尔也可能出现相反的情形；额外的外国需求，可能需要的是标准品目，也许是原材料，而这些部门的技术进步进程是低于正常水平的。这就将把生产资源束缚在相对停滞的部门，而阻碍它们投入到那些更加兴旺的经济部门里去。我们可以想想1900—1913年英国煤炭出口的情形。

至于有保证的增长率，只是在所讨论的商品是用资本密集程度高于（或低于）平均水平的方法生产出来时，它才将受到影响。如果它们是用资本密集程度更高的方法生产出来的，便将降低有保证的增长率；反之亦然。人们回忆起来，在那些技术进步高于平均水平的部门和那些资本密集程度高于平均水平的部门之间，并没有什么必然的联系。

在第127页图形中的1和3的情况下，直线上升的出口，将减少或者消除实行再度通货膨胀的必要；则我们便有了一种所谓导致景气的出口。在图2的情况中，初期的冲突将加剧。向充分就业前进的步子将加快，但同时，已经在进行的需求拉动型通货膨胀将加剧。选择仍一如既往。我们需要为了尽可能快地摆脱失业而不惜以蒙受更高速率的需求拉动型通货膨胀作为代价吗？这时候，思想上常常发生混乱，竟有人提出，出口导致的景气跟国内引起的景气比起来，其物价膨胀的程度通常要小些。需求拉动型通货膨胀是由于实际增长率一般都高于有保证的增长率这一情况所造成的。

接着我们转到危机问题上来。出口的较大增长（或较高水平），既防止不了危机，也避免不了实行适当规模的减税的必要性。在图 2 的条件下，危机是由这个情况引起的：当充分就业达到或者接近最高限度时，实际增长率便不可避免地被拉到有保证的增长率以下来。在充分就业或者近乎充分就业的条件下，实际增长率不可能高于自然增长率，但是自然增长率却低于有保证的增长率；所以，实际增长率必定要跌到有保证的增长率以下，衰退便必定发生。

然而，有缓和的可能性。如果额外的出口是靠那些技术进步快于经济中平均水平的部门提供的，那就会提高自然增长率；如果出口是靠那些资本密集程度高于经济中平均水平的部门提供的，那就会降低有保证的增长率。（要重复说一下，出口用不着同时具有这两个或其中一个特征。）如果它们具备了这些特征，那么两个速率（自然的和有保证的）便会有一个良性的结合；而且为阻止衰退所需要的减税额也会少些。其实可能发生这种情况，即出口使得这两个速率一道按相等的斜率来进行，其结果委实是一个天赐之福。那时经济便能够永远既无需求膨胀又无失业地进行下去——直到发生了破坏这种幸福情景的某种新的重大骚扰时止。

如果，总的来说，增长着的出口，趋向于产生良性效果，如同在 1—3 的情况中所描述的那样，那么，它们在 4—7 的情况中便会产生恶性效果。然而，必须强调指出，它们仅对于问题和冲突说才是“恶性的”。如果增加了的出口机会，提高了自然增长率的话，那么就“绝对”意义上说它不能不算是良好的，因为这意味着提高了增进幸福的潜力。但是，在有保证的增长率低于自然增长率的时候，则后者的提高便进一步拉开了它们的距离，从而加剧了由于它们的脱节而引起的各种问题。如果一个欠发达国家面临着对它有着比较利益（古典经济学）的特种产品的需求增长了的话，而且如果它们生产的增加所需要的投资，超过了它的全国产出中的总平均水平的话，那么，便提高了对储蓄的需求，而且自然增长率所要求的最适度的储蓄和合意的储蓄之间的缺口便增大了。这将需要用预算节余给储蓄提供更大的补充。这将减少国内对消费品的需求。用增加对出口的需求的办法，不会把它充分抵消掉，除非是资本—产出率低到等于1。因此，将需要提高公共投资，以补充私人投资的不足。那种认为在欠发达国家里出口机会的增长将减少对公共投资的需要的想法，是虚妄的。

也许在比较发达但仍是储蓄不足的国家里，给私人投资以津贴，将是用以替代公共投资的一种合理的办法，而且如果是这样的话也是一种合乎需要的办法。那种情况是可能有的。我常常怀疑，当市场对商品与服务的需求就其总的平均水平来说低于经济已经能够供给的水平的时候，给投资提供补贴是否将有助于增加投资。这常常是我个人的直觉，而且在我和实业家们进行过的多次讨论中都未曾遇到过反驳。如果他们能够预见到，抑或他们能够准确地猜测到，对他们的产品的需求在相关的时间限度内，足以证明额外增加投资是正当的话，那么，他们便将进行投资。但是，如果他们并没预见到这么一种增长，即使给予补贴，也将诱导不了他们去进行不必要的投资。然而，英国在许多年代内，是在一个业已就业不够的经济中，一再把鼓励投资的措施和抑制消费的措施并行不悖地结合在一道——而后一种措施，却是旨在纠正对外收支的不平衡或者遏制物价膨胀。在多次讨论中，我已深感我觉察到一种清教徒的观点："消费是坏事，投资是好事。"这样一种态度不仅没有道理，而且是极不负责任的。在考察这样一个问题之前，有必要力图弄懂经济制度是如何运转的。这么一种把抑制消费和鼓励投资二者联系在一起的结合，在某种情形下便可能减少国民收入，从而减少穷人的收入。即使是清教徒，也肯定应该对后者一表同情。但是，这种人实际上对于新发现并没有热情，他们满足于完全空洞却又非常响亮的格言。

在储蓄不足（即在有保证的增长率小于自然增长率）的国家（其中必须包括某些先进国家在内）里，合乎需要的办法是应该用政府的储蓄来补充私人储蓄。而政府的储蓄只有用通过额外征税来减少公民手中的购买力的办法才能做到。这将使得工业界面临着这个情景，即对它所业已能够生产的东西的需求减少了；那么工业界便没有追加投资的动机。在这种情况下，便需要有某种政府的投资使制度保持运转。

在欠发达国家内，一些政府当局可能而且应该实行投资，因为它们（正确地）相信它们的公民缺乏有关的专门知识。这些政府自身也许能够例如从美国那里雇用来这种专门人才。

但是，即使在先进国家里，也可能出现进退维谷的局面。你减少公民的购买力，却又期望工业界提高投资率。在这里我们可能回复到那业已说明过的实行指示性计划的想法上去。如果工业界确信这个计划将得以实施的话，那么，即使当前的需求停滞不前，它仍可以按照计划规定的五年期间对其产品的需求的增加而进行投资。但是，如果指示性计划并不是可以接受的或者可行的话，则政府自身就应该承担起投资的责任来。

在较穷困的国家里，有一点可能是十分明显的，即政府应该进行投资，目的在于为它的公民提供更多的货物与服务，或者是为了提供达到此目的所需要的资本品。但是在比较富裕然而储蓄却不足的国家里，政府既需要进行更多的储蓄也需要进行更多的投资，以便把有保证的增长率提高到自然增长率的水平，这样，我们便可以在政府的需要和加尔布雷思教授的意见这二者之间取得巧妙的一致。让政府投资采取供应公共福利设施的形式。

理由是这样的：在储蓄不足但比较富裕的国家里，要不断地靠标准的货币与财政政策来维持充分就业，而又不产生需求拉动型通货膨胀，是不可能的。储蓄只可能靠政府节余，即提高税收收入来补充。但是，这将由于购买者手中购买力的缩减而削弱了对实业界进行投资的刺激。所以，追加的储蓄，将有丧失殆尽的危险。于是让政府运用它的节余，去独自进行投资。由于税收的提高而把需求压低了，这将使得某些人失去工作。但是这些人将靠加尔布雷思类型的计划获得工作。

自然，在过度储蓄的国家里，能够而且应该靠政府举债来资助这类计划。

转过来谈各类货物时，我们可以首先考虑粮食的出口。世界对粮食的需求增长了，既是因为人口在增加，也是因为人均收入提高了(即生产率提高了)。世界的粮食需求中由于人口增加而形成的成分,大概有一个等于1的收入弹性;由于每人平均收入的提高而形成的成分,如同我们已经阐述过那样,却一分为二,一部分的收入弹性大于1,另一部分的收入弹性小于1。看来可能是后者占优势地位。从农业就业中摆脱出来的潮流已遍及全世界。同时,农业生产率还在上升,而且也许超过了总的平均生产率。如果农业生产率的额外增长部分再加上粮食需求的收入弹性的净差缺部分,足以抵消农业中就业人口比例下降的话,则供求将继续保持平衡。

如果世界需求较之供给有上升的趋势的话,这将反映为粮食价格上涨,反之亦然。个别国家关于粮食的规定,也阻挡不了这种趋势的发展。

这种价格总平均水平的上涨,将提高粮食出口的价值。它究竟提高多少,则以它本国的供给弹性为转移。即使弹性为零,粮食出口价值也还会有所增长。其实,甚至弹性低于零时(农民在他们能够比较容易赚到钱的时候便松懈下来),还仍能有所改善。但是,余地并不会大,因为,由于运费等的关系,这个“松懈”的主要锋芒就可能会落在出口上。

如果本国国内对粮食的需求有某种价格弹性的话,这就会有助于出口。

自然,粮食价格受收成丰歉的影响很大。这些收成的好坏可能只影响某一特种粮食产品。但是据报道,有些年份是全面丰收或全面的歉收。我们可能再次想起杰文斯的太阳黑点说。这些各种不同的收成情况,对于分析增长趋势的相互作用并没有很大关系。但是，它们对于世界储备是否足以进行国际结算的问题，倒是关系很大。实行这样一种制度是荒谬的：一个国家在这种制度下，仅仅是由于一次歉收，抑或只是由于对它的利益关系极大的一种商品在世界其他地区获得大丰收，以致这个商品的价格和该国的出口收益都降低了，这个国家便为此而不得不改变它的发展计划和投资计划。还得补充一点，即常常发生连年歉收的情形。对此，同样论点也是适用的。

类似的考虑，对于原料来说也是中肯的。世界对原料的需求的收入弹性，由于受人口所支配，它可能等于1；同时又由于受所有物质生产部门和服务部门的生产率的提高所支配，它又可能小于1。就非农业原料讲，人们用不着从它们的生产中去推想人口的有规律的自发趋势。但是，如果它们生产率的增长和所有物质生产部门与服务部门的平均生产率的增长一样大，则将从它们的生产中产生出一种诱致的运动。需求和供给的价格弹性可能是低的，以致人们可能预期供求之间的不平衡会引起更大的价格波动。

这些，对于出口品价值，从而对于国际收支，将有着使之上升或下降的强烈影响，而国际收支问题我们迄今还没讨论过。对于这一级出口品的数量的影响，以及从而对于用于生产这些出口品的资源数量的影响，可能要小得多。价值的影响，通过乘数的作用，将导致国内总需求的增长或下降。我们首先可以考虑需求增长的情形。如果起初经济是充分就业的，便需要有相对抗的紧缩性措施。在原料出口占有非常重要地位的许多欠发达国家里，常常有着许多公开的或隐蔽的失业，以致它们出口品中重要品目的世界价格上涨如果产生了扩张性影响，倒完全会受到欢迎，不需要什么对抗性的措施。当原料价格就其总平均水平来说发生下跌，便显然需要有再度膨胀的国内措施。

原料在英国出口中只起很小作用;这一种类出口品在美国出口中所起的作用稍许大些,但相对美国整个国民收入讲仍只起十分微小的作用。主要是在欠发达国家里,原料出口才起重大作用。如果一个欠发达国家所严重依赖的一种或一组出口品的世界价格发生下跌的话,它就应该实行减税。我们又有了另一条由动态经济学所提出来的貌似荒诞而实则不谬的论点。一般人的标准想法大概是:“这个不幸的国家在它所严重依赖出口的一种商品(或多种出口商品)方面,已遭受了一次难以承受的打击;所以它目前在其计划工作中最好还是厉行节约。”情形倒是相反。这里涉及波动问题。自然,如果发生了一次结构变革,以致用这个国家供给的原料来制造的货物已永远不合时尚了,或者如果有一项预制代用品的重大发明,那便是一个不同的问题;那时候,就将产生一个关于这个由此而受到严重打击的国家能够采取什么长期性措施的问题。

但是,如果仅仅是一个波动问题,那么,遭到不利影响的国家,便应该减税。这种减税,将使得它目前的对外收支,要比在不减税的情况下更少有利,或者更加不利。这是何以应该把可供国际结算用的储备数额增加到它们目前非常不充足的水平以上的又一条理由。

有一些欠发达国家,对于这一点有一种敏锐的直觉认识:它们之所以特别需要有充足的储备,恰恰是为了保卫自己,以免遭受到它们特有产品的世界价格下跌的恶果的损害。在 1962 年到 1969

年下半年之间，工业国的储备不过增加了14％，而欠发达国家的储备却增加了77％，这是一桩有趣的事情。宁可挑选1969年下半年而不挑选1970年来说明这个问题，是因为在后一时期，美元危机引起了工业国的(美元)储备异乎寻常的增加。

然而，一个国家受到世界价格或者受到在其出口收入中占有重要地位的货物的价格下跌的打击，应该实行减税，这个道理迄今也许还不是一个人们公认的准则。相反，一个国家若采取这么一种政策，还可能有获得一个不负责任的名声的危险。因此，极其重要的是经济理论家和工作在诸如世界银行这类机构的经济学家，应当不屈不挠地宣传这个学说，即当出口货单上重要品目的价格下跌的时候，应该降低国内税收。遵照这个学说行事的国家，与其说应把它看作是不负责任的，倒莫如说应把它看作是恪尽其责的。这对于先进国家的资本家判断在这类或者这样一个国家里投放资本是否明智，会有影响。

加工制成品的出口也可能会遇上这种情形，即世界需求的收入弹性超过1。在这种情况下世界繁荣便会向世界各国传播。一些国家，如果在追加的世界收入中以比世界总收入中更大的比例花费在它们所生产的产物上，而在生产这些产品方面有着比较大的利益，则它们将处于优越地位。那些在出口领域内其技术进步正以比一般水平进行得更为迅速的国家，情形也将是这样。

对于影响某些大类别进口品的增长率的因素，已概要地说明了它们的内容。收入增长率是重要的；它分成由于劳动适龄人口增加而造成的收入增长率，和由于劳动生产率提高而造成的收入增长率。于是我们就得考虑进口货单上各种物品的需求的收入弹性。就完全进口的物品来说，这类进口品的需求的收入弹性，也就是那些货物的需求的收入弹性。有些物品一部分可能是在国内生产的。那么，一切便以所说的这些物品的国内生产率的提高究竟是大于抑或小于国内一般生产率的提高为转移，反之亦然。如果两个增长率都一样，则这类进口品的需求的收入弹性，与该产品的需求的收入弹性相等。如果这些商品的国内生产率的增长率，低于国内生产率的总增长率的话，则这一级商品的进口需求的收入弹性，将大于这类商品的需求的收入弹性，反之亦然。像矿石之类受收入递减律支配的产品，它的国内供应可能不能够随着生产的增长而成比例地增加，即使这类产品的技术改进和整个领域的技术改进一样大，以致它们进口需求的收入弹性将大于它们需求的总收入弹性。可以料想到，粮食和基本原料的进口需求的价格弹性会是低的，而制成品的进口需求的价格弹性则是高的。

至于出口的趋势，则凡是世界需求有了增长，不管是来自于人口的增加抑或来自于生产率的提高，就其对进口趋势的影响来进行比较，则比国内需求的增长更为重要。必须特别注意一些地区在这些方面所发生的情形：某一给定的国家运往这些地区去的出口品的比例，高于这些地区的收入在整个世界收入中的比例。出口品分配之所以如此不合比例，可能是由于地理上的邻近或者是具有诸如不列颠帝国之类的历史原因。

没有理由去设想，这些形形色色的影响，会等比例地作用于某一给定的国家的出口的增长和它的进口的增长。因此，某一特定国家在其贸易平衡上，便可能（而且十分可能）会出现这样或那样不断扩大的缺口。

类似的考虑，适用于往来账户的“无形”收入项目上，诸如旅游和国外广告收益（正或负）等。资本流动问题，将在下一章里进行讨论。

如果往来账户上发生不断改善或不断恶化的情形——而且完全可能发生这种或那种情形——其结果都将冲击到货币管理当局的头上。在实行固定汇率制的情况下，往来账户情况的改善，终将使得所讨论的这个国家的货币管理当局的储备增长；反之亦然。如果政策是要通过改变外汇率来确保调整的进行，那么，出口增长率若要较之进口增长率更有提高，就将要求把汇率往上调；反之亦然。但是，这要受到前面就需求的价格弹性所谈到的种种情况所制约。

一名学院派的经济学家，按照逻辑所要求，可以在这方面使用“反之亦然”的表述法。但是，在现实的世界里，现在却存在着一种不对称情况。对于通货升值的抗拒比对通货贬值的抗拒更加顽强。其动机是光明磊落的，每个国家的负责任的当局，都不愿让它的公民在世界贸易中蒙受像通货升值所不可避免地造成的那种损害；尽管贬值有损威信，但它却有助于工业界在国内和国外与外商竞争。在现代的世界，实际的利益正开始被看得比威信更为重要。在1971年美元危机的时候，美国人曾试图在两方面都获取好处，就是既获得美元贬值的好处，又不要因此而造成的威信的损伤。在许许多多方面，美国人尽管技术突飞猛进，但他们却是守旧的。而且这是他们魅力的一部分。

然而，对于通货升值比对于通货贬值抗拒得更厉害这个事实，必须把它跟采用可调节的汇率制是否比采用固定汇率制更为可取的问题，联系起来考虑。人们能够满有理由地认为，可调节的汇率制的优点胜过固定汇率制的弊病。让那些国际收支有顺差趋势的国家，吸收一些国际储备资产，而那些有逆差趋势的国家则实行贬值。这样说煞是有理，却存在一个极其重要的问题。在这种制度下，有顺差的国家，其资金就会递增地积累起来。（参照美国1914—1950年的情形。）这只不过是许许多多理由中的一个，说明可供各中央银行用来作为储备持有的媒介总额应该使之增加的问题何以是至关紧要的。

因此，人们自然而然料想得到，有些国家的往来账户有顺差，而别的国家则有逆差。我们可以首先考虑固定汇率的替代办法。一个国家，若它的国际收入顺差增加，则其国内的货币供给将增加，除非是当局采取对抗的措施，它们很可能这么干。因此，考虑一下对外收支出现逆差的国家的情况，将更有帮助。这将导致国内货币供给的减少。如果国家的储备情况非常强大，就像已引用过的美国在1914—1950年的那种情形，则当局可以抵消这种货币供给的减少，办法是采用一项公开市场政策，目的在于使国内货币供给得以按与它们国内自然增长率相同的比例增加。但它们更通常地是倾向于让货币供给发生减少，甚至还运用公开市场使货币供给加剧缩减。

按照旧古典经济学，这会引起国内物价下跌，从而导致国家的国际收支状况改善，这种改善一直持续到收支均衡恢复的时候为止。但是，按照凯恩斯的思想，当局在这种情况下所采取的紧缩措施，可能在增加失业方面会比在抑制供给价格方面有更加强烈的影响。因而我们又将回到已经讨论的进退维谷困境里去。一种国际货币制度，由于那些作为分别影响进出口增长的东西而列举出来的要素，几乎不大可能造就出一个平衡的国际收支来，因而这个制度的正规运转竟可能不时地制造出大量的失业来，而且几乎确定无疑地将制造出大量的失业来，这种国际货币制度，难道我们还需要它吗？紧缩措施对于经济活动的影响（凯恩斯相信这种影响要比它们对于物价的影响更为重要），到时候无疑将发挥出使国家的对外收支恢复平衡的作用。但是，这难道是达到这个值得向往的，而且从长期看也是必要的结果的最好的方法吗？

或者，对外收支差额能够用降低汇率的办法来加以补救。这么做的好处是：它并不一定就使得国内（经济）活动下降或者失业增加。但是，与此相对照，它可能达不到所要求的东西。要获得成功，就需要该国进出口品的供给和需求应有足够的弹性。但是，这是桩令人怀疑的事情。相反，若采取国内紧缩措施，却能够肯定无疑地恢复对外收支的均衡。这是因为它影响经济活动和实际收入，而且，这些方面的缩减如果进行够远了，则进口的需求，由于受收入弹性所支配，也将缩减到足以恢复对外收支的均衡的地步。但是这种制度是应加以反对的，因为它成功的把握性仰赖于它造就出一大祸害——失业——来的能力。

因此，在已考虑的范围内，我们须在这二者之间进行选择：一种是可以依赖以产生所需要的效果的固定汇率制，但须以蒙受失业这个大祸害为代价，而失业的大小取决于当时的环境；而另一种制度是可变动的汇率制，却不能依靠它来产生所需要的效果。一个实行一种可变动汇率制的国家，如果发现通货贬值并没有产生对外收支的平衡的话，则它将无疑会用国内通货收缩的办法来加

强疗效，这将缩减国内（经济）活动量，从而使进口有足够数量的缩减。如果它不愿这么干，则它为了恢复它的对外收支平衡，就将必须援用某种别的方法，如实行进口限制。

到时候将需要重新评估一下目标的重要性。避免失业（摩擦性失业除外），肯定占有至高无上的优先地位。与此相比较，那种由于对国际贸易自由实行一些限制而产生的利益的损失，可能是轻微的。但是，这似乎不是目前身居要津的那些人的观点。

第九章　国际资本流动

通常总有一种概略的说法，即认为资本有一种从先进、富庶的国家流往贫穷的国家的倾向。这并不是一种具有普遍有效性的观点。例如，在某些年代里，所有国家中最富庶的国家——美国，也曾有过资本的净流入。而且流出的资本的分布情况，常常并未更多地照顾到最穷困的国家，例如近来美国资本就有一种输往富庶的欧洲各国多于输往欠发达国家的趋势。

一般的趋势是受三个基本因素所支配。我们将先讨论直接投资而暂不讨论有价证券的投资。(i)在欠发达国家里，有利可图地用于资本形成的资金对国民收入之比，可能会高于国内储蓄对国民收入之比；而在成熟的国家里，情形可能恰恰相反。前者可以被视为储蓄不足的国家；而如果后者储蓄过度的话，那么，很自然，就会从这一端流向另一端。

(ii)在过去，资本形成比起消费品生产来，更加着重地依赖于技术知识。向国外进行直接投资而提供的可处置资本，总倾向于与有关的技术知识的提供联系在一起。富国所拥有的技术知识，要比穷国多得多。

(iii)后者往往缺乏有效的资本市场，使该国一般人的储蓄，可以为那些急需可处置资本以着手进行实际的资本形成的人们所获得。那里的储蓄在原则上本来是可供开发国家之用的，但它们并没有被用于此目的，因为它们没有能借以进行流通的渠道。先进国家的企业家们，若发现海外直接投资有着有利可图的机会，则他们从它们自己本国资本市场上募集基金大概并没有多大的困难。

古典学说曾经假设，总会有一种使得各个国家边际冒险事业的利润全都相同的国际资本流通。这应该由私人企业经营来保证。然而，这要受进行海外投资的企业主方面对于他们这样做是否会蒙受更大风险的估计所制约；据此人们便会预期利润率在那些有资本净流出的国家里要比那些有净流入的国家更低些。更大的风险有两个方面。一个是企业家对海外影响生产的企业的一切细情要比对国内的那些细情了解得少，因而更加可能在他的国外冒险事业上犯错误。另一个是在许多情况下，他可能对国外政权的稳定性缺乏信心，因此更害怕他的资本可能由于被断然没收或者由于原先有秩序的条件崩溃而丧失掉。这种缺乏信心，可能是蛮有根据的。然而，总的说来也许正是这些风险因素（部分只是心理上的）使得国际的资本流动降到最适度水平以下。

然而，也还有朝相反方向起作用的因素。在一些国家里，特别是在欠发达的国家里，可能有所说的“剥削”。照更古老的正统说法，市场将确保劳动的工资等于它的边际产品。最近我们已把不完全竞争学说结合到正统的静态学中去了。在缺乏完全的劳动市场的情况下，一单位劳动的边际产品的价值，将不趋向于跟该单位劳动的工资相等，而趋向于跟花费在它上面的“边际支出”相等。如果劳动的边际产品的价值正在提高，则雇主们相应地提高工资并不一定合算。工会的职责就是要他这么干。但是，凡是在工会力量薄弱或者不存在工会的地方，剥削便可能发生，从而利润便要膨胀起来。从最适度地分配资本的用途的观点来看，应把利润视为纯粹由剥削成分所构成。资本可能输往国外，以利用那里存在的“廉价”劳动力。在这里，“廉价”并不是指工资由于劳动力相应无能而低贱，而只是指低于与它的无能相应的水平。因而，在那些剥削程度不相同的国家之间若做到利润的国际均等化，便不会得到最适宜的分配。有人可能反驳说，资本流入一个发达国家，可能使得那里的劳动比它在没有资本流入的情况下干得更好些，从而，虽然并不确保获得世界上最大的商品产出量，但会由于改进了世界的货物分配而获得好处。

至此，本章还只涉及静态经济学。我们必须考虑增长问题，我们能够指望根据最乐观估计而设想的资本形成的数额，会以与国民收入相同的速率增长吗？如果增加收入的生产方法的资本密集程度依旧不变，则两个增长率当相同。在先进国家里，由于收入中用于购买服务的比例部分有不断提高的趋势，则所需要的新资本数额的增长率很可能要比收入增长率低。那么，便存在一个问题，当前技术发明的资本密集程度是否正变得越来越高或越低。这在进口外国技术知识的欠发达国家，情况则有所不同。在先进国家（也许有人要说在所有国家中最先进的国家，即美国！）里，当前技术进步的性质，要以即将出现的应用科学上的尖端新知识为转移。欠发达国家将主要是把别处业已熟知的技术方法，纳入到它们的生产体系中去。情况可能是这样，这些更加精巧的方法，比起那里使用的更加原始的方法来将是更加耗费资本的，而如果采用的数量增加，资本形成便将比国民收入增加得更快。外国的技艺正处于应用到它们的生产中去过程之中。这不仅与公民们用他们增加的收入所购买的项目有关，而且也与替代物有关：同样的旧式货物，将用一种新的和资本密集程度更高的方法把它们生产出来。

情形很可能是这样，在发展的一定阶段上，产出增量的资本密集程度将用一条驼峰形曲线来代表。这是一个这样的阶段，在这里，创立基础部门起着特别重要的作用，也就是说，那是从原始结构移到近代结构的时候。有人想到兴建铁路、电力、灌溉。无疑，基础部门的创造，在产出的增量中将继续起重要的作用，但是，并不像在从原始运输方法过渡到现代运输方法等这样的时期那么重要。

就一国的收入增长较另一国为低这种情形来说，则资本的需求在其他条件不变的情况下将在当前收入中占有一较小的比例——合意的储蓄率则是一个更小的比例。同时，如果收入增加，则合意的储蓄率也许将会上升。到了它不会被资本流入的递减所抵消掉的地步，则它将提高有保证的增长率。与此同时，资本市场可能改善，以致储蓄中有一个增大了的比例部分投入于生产体系之中，而不是被挪去购买黄金和宝石。这些因素，会使得这些国家可以更少依赖外部世界来达到它们最适宜的（自然的）增长率。另一方面，在欠发达国家里，对输入技术知识的需要，可能会比总收入提高得更多，因为加工业在收入增长中所占的比例将不断提高。

资本需求增长中的一些基本要素，已粗略地叙述过了。在上一章中，一些大类别进出口品的增长问题，也已粗略地叙述过了。在那一章里，出口和进口若按比例增长，看来似乎只不过是一种巧合，除非是它们受到政府或中央银行旨在促使它们平衡的政策的影响。如果我们给那里的画面添加上那种支配着国际资本运动的动机或要求的力量,则我们就获得了一个导致对外收支基本平衡得以持续下去的那个总成果吗?

应该就有价证券投资讲几句话。全国证券交易所里发生的过程,可以说是溢漫到国际场所上去了。一个全国证券交易所中资金的流量,并不仅仅只是由用新储蓄投资于购买那里出售的证券所组成。更为重要的是,资金从一种有价证券不断转移到另一种有价证券,以及由于供求力量作用的结果而引起各种有价证券不断地调价。就一家公司对未来红利的最好估计或猜测(也许红利将一直不断提高)和它的有价证券的现值之间的关系说,其趋势是凡是具有同等可靠性声誉的公司都将是一样的。可靠性将有一种分布,同时,估计的未来利润和有价证券的现值之间的关系也有一种相应的分布。由此造成的公司的股票价值,跟它的资产价值没有直接关系,不管这些资产是按历史成本还是按重置成本减去其负债来计算其价值的。

为了建立前面提到的等式而按这么一种方式进行的这个转移过程,可以延伸到国际领域中来。对企业的前景和可靠性所做的判断,可以因国而异。有价证券资本的国际流通,将主要是和大公司的有价证券有关,因为要对外国小公司的可靠性做判断,无法做到那么有把握。这和由于对当地详细情况缺乏了解而构成海外直接投资的障碍的情形相类似。

对外国长期证券进行净投资,是包括在长期资本外流之内的;反之亦然。而且这是十分恰当的。因此,这类投资,是包括在“基本收支”之内的。

乍一看，也许会这么想，既然国外世界是一个比本国更大的地方，那么从一个特定国家流出的有价证券投资额，自然会大于流进额。这显然是一种谬论，因为就整个世界来说，总计起来，根据任何一种方式计算的流入量都必定等于流出量。从某一特定国家流出的有价证券投资，必定要在某地落脚，并构成为那里的流入。正确的表述方法是：净流出将来自这样的国家，在它们那里，由于本国公司的前景和可靠性不断提高而带来的投资机会日益增长的权数对于国民储蓄之比，小于世界上所有公司带来的投资机会日益增长的权数对于世界储蓄之比；反之亦然。

有价证券资本的国际流量，通常而且也是正确地包括在各特定国家的基本收支的计算之中。这样做，是否会使人觉得基本收支在正常情况下可能会趋于相等呢？

通常所使用的“基本收支”这个说法，被定义为由往来账户和长期资本流动所一道构成。我们需要用来进行这种分析的基本收支这个概念，也应该包括一些短期资本流动，譬如说，即那些继贸易和长期直接投资之后而发生的短期资本流动。一家母公司可能贷给国外子公司某些流动资本，商人在他们经营的各个中心点可能必须要有流动资金。无疑这些余额中间每个个别余额都随时有升有降。但是，如果A国居民贷给B国经营者的这种余额总量年年增加，则增量就应包括在我们所需要的“基本收支”这个概念之中。

还有其他的短期资本流动，则不应该包括在“基本收支”之内。这些流动，分为有帮助的和反常的。有帮助的流动是指那些抵消支付上季节性变化或者其他暂时性脱节的资本流动。到时候这些流动又该倒转过来。它们可能受当前外汇率水平(假定是固定平价)所推动,例如,一个商人,若预见到将来对英镑的需要,便可能利用当前在汇率固定条件下英镑现时行情低的情况,立即购买即期和远期英汇。到时候当他遂其所望的时候,这笔对英国的短期贷款便全部得到清偿。

在有帮助的资本流动这一大类中,正常地都应包括有旨在利用各国之间短期利息率的差价而进行的流动资金的转移。英格兰银行可能为了吸引短期资金而暂时提高中央银行官定的利息率。这类资金之流入英国,显然不应该包括在英国的基本收支之内;相反,英国正是靠这种方法使自己在暂时不平衡中得到资金帮助。从英格兰银行的角度来看,这种资金的流动,显然是有帮助的。当然,可能有别的国家对于英格兰银行在这个特殊时刻竟提高银行利息率的做法暴跳如雷,并且认为由此引起的朝向英国的资金流动绝不是有帮助的。这可能是一种征兆,表明各国之间在究竟应采取什么恰当措施来对付出现的特殊问题这个方面,仍缺乏一致的意见。

还有更加严重的问题。英格兰银行可能提高银行利息率,并不是为了吸引外国资金,而是为了应付某些国内问题,当时它还可能被资金的流入弄得很为难。在这么一种情形下,国际资本的流动对各方面都将是毫无帮助的。这便给我们带来了,可用以达到政策全部目标的武器是否充足;关于现有武器的正当使用,以及关于作为其基础的动态经济学本身的不完备状况,都缺乏一个有充分根据和意见一致的理论等更加深刻的问题。

关于短期资本的无帮助的流动,其最显著的例证,乃是因为购买者相信某种通货到适当时候将会升值而购买这种通货，以及相信它将会跌价而抛售这种通货。在某些情况下，这些信念可能真的会实现。而这又再度分成为两种情形。一种情形可能是：该通货真的应该在适当时候升值而且无论如何都得升值。有的人也许走得很远，甚至认为这类早就料到的资金流动，由于能推动迟钝的政府当局更迅速采取行动因而是有帮助的。然而，这个观点是不能被接受的，因为一种专门制度应该是由那些对此负有责任的人来管理的，他们不应该由不负责任的局外人推着转。另一种情况是：在那里，升值并不是任何基本不均衡所需要的，而是由于资金本身的流动，资金的数额也可能是非常之大的，因而迫使当局实行通货升值。次一级的情况是：打算进行某种升值并且这样做是正确的，但是在执行中为了使世界相信将不会很快接着按同一方向再进行一次升值，便把升值调整得比按照有关准则所应有的幅度更大一些。所有这类资金流动，都是有害的。自然，在估算该国的基本收支时，不应该把它们包括在内。

由于预料汇率大概或可能会变动而发生的短期资本流动，常常被称作“投机性”的流动。尽管可能有一些投机性资本运动，特别是形势正在酿成危机的时候，但须强调指出，这些流动大部分都根本不是投机性的，而是由有高度责任心的和良好意愿的顾问们，为了保护那些向他请教或雇用他们的人免遭损失而提议采取的预防性流动。再也没有比把恶意动机妄加到他们身上更为违背真相的事情了。这些流动的影响可能有害，这倒是事实。但那不是顾问们的过失，而是制度本身的过失。

从统计学的观点看，要确定在正常时候发生的短期资本流动中究竟哪一部分理所当然地应包括在基本收支之内，以及哪一部分是不平衡的结果，无疑总是非常困难的。

在把短期资本流动中应该包括到基本收支中去的部分都包括进去之后，仍不清楚的是：正在起作用的各种不同的原因究竟是有助于使对外收支达到平衡抑或是有助于造成趋向于平衡的资本流动。

结果怎样呢？由于汇率固定，则储备将随着情况之不同而上升或下降。若实行的是可调节的或浮动的汇率，则这些汇率将发生变化。我们来谈一下前一种情况。

如果基本收支是顺差的，则储备将趋于增加，而且国内货币供给也将增加一个相等的绝对数额。政府当局着眼于国内形势，可能愿意抵消掉这种增加。在这种情形下，对外收支将继续改善。否则，他们可能愿意允许增加货币的供给，而且真的使它增补到足以维持货币供给和储备之间原先存在的比例。这该是走向使对外收支趋近相等的合适的一招儿。

如果起初就存在着失业（很可能存在），则一切都将进行得融洽和谐。货币松动将增加国内的经济活动，并同时使得对外收支趋于相等。这种情形，既发生在贸易账户上，也发生在长期投资账户上。货币松动，将在降低国内长期资产的收益方面有某种影响（尽管不是一种成比例的影响），从而使得投资家向世界各处去寻找某种更有利可图的机会。

但是，如果起初就存在着充分就业——没有它为什么不应该存在的理由——则松动货币，将有引起需求拉动型通货膨胀的倾向。因此，政府当局可能对采取这么一种政策感到犹豫。那么，他们将采取什么措施来对付对外收支的不平衡呢？也许什么措施也不采取。但有着逆差的国家却没有做这种逍遥自在的选择自由。

在这些情形下，则不能去抵消货币供给的紧缩，甚至还可能必须再度加紧实施紧缩。如果起初就已出现需求拉动型通货膨胀，则从这两个角度来看，这样做都将有利。但是，如果起初就存在就业不足，抑或是刚好充分就业，则紧缩货币都将倾向于引起失业。所以，这里存在着矛盾。

孟德尔教授已提出，我们应该摆脱双马驾车的制度，即货币政策和财政政策这两匹马要么同时加以鞭策，要么同时加以勒住马缰。在这种情形下，你不能够鞭策一匹驰进，而勒住另一匹。他另提出，财政政策应该用来维持充分就业，但应避免在国内引发需求拉动型通货膨胀；而货币政策则应该用来确保对外收支的平衡。这似乎是需要在货币政策的影响下，即在利息率水平的影响下，靠资本流进或流出该国的恰当流动来保持对外收支的平衡。如果高利率倾向于减少国内的经济活动，则在此制度下这种情形便会由于用脚把财政加速器重重踏一下而被抵消掉；反之亦然。这个方案纠正不了贸易上的对外收支差额，因为根据他这一方案，财政政策会把国内经济活动保持在充分就业的水平上，从而使得对进口的需求不会降低，而且对于工资—物价螺旋上升不会有什么影响，如果当时是在进行这种竞赛的话。因此，就对外收支来说，它完完全全依靠国内货币政策对资本的流进或流出的影响。

这个方案有两个麻烦问题。一个是有些国家，特别是欠发达国家，并没有把长期或短期资本市场组织得足够好，供“货币政策”用来吸引资本流入该国或者把资本驱往国外。另一个是它假设：

把资本流进或流出该国的运动弄得适合于它的往来账户上的差额状况,这样做是合法的。这是一正当假设吗?

这个问题把我们带到了一个更广阔的领域。如果货币与财政政策自身无法既达到国内充分就业又达到对外的收支平衡,如果可伸缩的汇率自身不能够确保矫正由于国内对进口品需求弹性和国外对本国产品的需求不足而造成的对外收入差额,如果它们的运用又受到实践中的困难所局限的话,则我们便可能被迫打算对贸易和资本的国际自由流通实行某种直接的干预。

当人们正视这种可能性时,普遍都以为对国际资本流动实行限制,比对贸易实行限制更为可取。为什么?把资本流动的自由置于次等地位,这背后究竟有什么道理?从专家的著作来判断,它看来恰好像是一种教条,和中世纪罗马天主教教会法庭实施的那些相像。

依我看来,存在着一种最适度的国际资本流通,而它并不一向总是,甚至也不经常是和我马上要阐述的那种在国际资本自由流动条件下所发生的流动相同。(但是,根据汉密尔顿和利斯特所提出并由伟大的自由贸易论者约翰·斯图亚特·穆勒所赞同的保护幼小工业的论点来看,对于绝对的贸易自由不是也有一些公认的限制吗?)主张为了获得资本最适度的国际流通便必须强制实行限制(或者可能是给予补贴),这种主张,跟那种认为为了获得一个全面平衡,便应该对资本流通加以裁夺而让贸易完全自由的意见,是完全不同的。人们会以为,如果一已知的资本流动实际上已增加了福利,则这种利益的数量似乎定会大于由于国际贸易的边际削减所带来的损失。

在国际货币基金组织协议的条款中，贸易自由被赋予了比资本流动自由更为优先的地位。这可能部分地是由于凯恩斯的影响——关于这一点，我尚没有直接的证据。凯恩斯长期以来就敌视国际投资。他对于美国筹建世界银行的计划深表怀疑①。只是在参加布雷顿森林会议的船上他才缓和了他的态度，然后，他以真正凯恩斯派的风格，在大西洋城的预备会议上做过一次令人难忘的支持世界银行的发言。

当美国在60年代蒙受着持久的对外收支困难时，它便制定了对一部分资本输出征收的“利息均等化税”；后来，约翰逊总统开始实行一种自愿的、接着是强制性的限制。为什么不首先考虑对进口实行某种限制呢？当然，按照某些标准，如果从最适度福利观点看，美国当时正输出过多的资本，那么就不管是否存在全面逆差，都应该对它加以限制。如果必须加以限制，则究竟是应该首先对资本流动抑或对贸易强行实施，这个问题应该看作是一个尚未解决的问题，须依事情的利弊来决定。

这就把我们带到一个非常根本性的问题上来。在纯增长理论中，我已强调指出过，基本公理应与一特定时点上各种增长率的相互一致性有关。这些增长率，受某些基本决定因素（包括对那个时点上最乐观估计的前景在内）所支配。自然，可能发生出乎意外的重大事件，这些事件也确实不断地发生。当这些事件发生的时候，便导致有必要把对基本决定性因素的值和各种增长率的值的

① 我想起哈里·怀特曾要求我运用我对凯恩斯可能有的影响，去试图使他变得更有同情心。但我记不得我曾这么做过。

估算加以修正。一个稳步增长率的概念,包含有一个既向后看又向前看的含义。如果在相关的时间范围内,过去发生过变化的话,则它将使得现今的增长率,会变得跟如果它们在仅只受当前起作用的基本的决定性要素支配时的情形迥然不同。

当我们现在这样谈论对外收支平衡的问题时,则应把对外国的投资,看作是对外收支平衡中的一个有利项目。这一点恰和静态分析相反,因为在静态分析中,我们把当前资本净流出当作一项不利项目,而与此同时,在表格的另一部分中,则把过去对外投资的净利息和红利收入作为一个有利的项目记下来。如果在一个给定的年份里,一个国家停止对海外投资,则其基本收支便会比它继续投资时的情况为好。而在动态经济中,我们在那一特定年份里还必须考虑到一个连续的过程。在一个十年的时期里——可能稍许长了些,但也可能短了些——国外投资的利息和红利收入超过了资本费用。因而,一个国家,若每年有规则地向海外投资 2 亿英镑,或者确切地说,其投资额每年还有规则地按一定比率增长,则它将比一个每年只投资 1 亿英镑的国家,有更多的对外收支的顺差。与此相似,从国外借来的款额,则应视为一个负项。有着对外收支问题的不发达国家,如果它们不欢迎外国资本的话,是绝对有理由的。

在静态经济学中,人们总习惯于区分短期效果和长期效果。这种区分在动态经济学中便看不见了,因为在这里我们所涉及的是一个连续的过程。长期效果,现在就在发生。

美国的经验很好地说明了资本输出是对外收支中的一个有利的项目:

	1,950	1,970
	（百万美元）	
(i)国外投资的利息和红利	1,593	9,601
(ii)资本输出	1,265	6,529
(iii)由(i)项减(ii)项的金额(对基本收支的净效果)	+328	+3,072

美国作为一个资本输出国所起的作用，乃是一种有助于改善其对外收支的因素，这一点是很明显的；这和人们根据经济分析所做的预期是一致的。在旷日持久的逆差之后，肯尼迪和约翰逊总统二人还以为遏制资本输出乃是一项正确的矫正措施。这种遏制，实际上并不足以医治美国短期对外收支中的困难。我们在这里并不想去分析美国持续的逆差所涉及的复杂问题，但是看来好像是，如果不是肯尼迪—约翰逊强行遏制资本输出的话，则美国的对外收支情况甚至早在 1971 年本会好起来的。颇为令人吃惊的是，在 20 世纪 60 年代，世界上最富有和最老练的国家，居然会认为在对付它的对外收支逆差时仅以短期效果为念是合适的。它所采取的措施暂时是有所帮助，但从长期看必定适得其反。那么，时至今日，世界上这个最富有和最老练的国家，仍然眼巴巴地仅盯着它的对外收支的眼前形势吗？它实际上是只知道静态经济学而不知道动态经济学吗？真的，可能有一些国家，像印度那样，它们虽然比美国更穷，却比它更加老练。有些人把它们对外国资本的流入不表欢迎，归咎于民族主义——可能有点儿这个问题；但是它们也已懂得，外国资本流入将使它们的对外收支情况更加恶化。这并不意味着印度人比美国人有更高的智力，虽然很可能他们是有

的;关键是贫穷锻炼出智慧。

在肯尼迪、约翰逊实行遏制资本输出的措施的时期,美国人跟对外收支逆差打交道已有相当长的时间了,也就是自 1957 年年底以来一直如此。该是采取补救行动的时候了。但是,当终于采取这类行动的时候,则它务必应该宁可致力于求其长期效果,而不应去求一时的效果。有人会反驳说,美国人不得不采取某种有急效的措施,因为他们的储备漏失得委实太快。这就使我们再回到扩大作为国际结算手段的储备的必要性问题上。世界储备对贸易的比例,到 1969 年已下降到不及战前水平的 1/3,而战前水平在当时并不认为过多。(从那时以后储备比例已增长到接近 40%,这一数字仍很小,这在较小程度上是由于特别提款权的发行,而在较大程度上是由于私人持有者因对美元日益不信任,而把美元转让给各国中央银行,结果证明这种不信任是蛮有道理的。)

由于偶然原因的作用,往往在能够把持续的逆差(或过多的节余)作为表明应该采取消除它的根本性措施的确切信号以前,已消逝了一些时间。如果一个国家是处于十分严重的逆差之中,而且如果政府当局认为补救它的恰当办法是影响资本流量而不是影响贸易流量,那么,就应该采取诸如鼓励资本流出之类的措施。与扩大资本流出联袂而来的,便是对外收支的改善。如果在某一时点上发生一次拐折,则在紧接着这一时点的时期内,增加资本流出便将引起对外收支状况的恶化,这一点倒是真的。但是,当政府当局觉得改变一下基本决定性因素是合适的,这时,他们就应该把眼睛盯在增长率——出口的、进口的、资本所得的等的增长率——上面,而不该盯在短期的静态效果上面。因此,当一个经受着持续的对外收支逆差的国家，打定主意认定用影响资本流量的办法，即用增加资本流出的办法来寻求救治的药方是合适的时候，他们必须要有足以维持譬如说十年时间的储备。在这十年期间，资本流出的增加，会在它取得最终改善其对外收支状况的效果之前，使得它的基本收支状况恶化。

上面已经说明，设若时间范围合适以及储备充足，则美国人从他们自己的对外收支——一个到 1971 年仍未解决的问题——的角度看，便应该鼓励提高美国人每年海外投资的水平。由此并不能推断说，这种鼓励可能会对整个世界的福利都有利。这要依许多更广泛的考虑而定。

根据类似的理由，外国资本的潜在输入者，特别是欠发达国家，在很多情况下对资本输入不表欢迎，当是聪明的。但这并不适用于产油国，它们拥有很高的而且还不断增长的对外贸易顺差。由于石油输出不断增加，它们可以指望用仍然猛烈增长的贸易顺差，轻而易举地把日益增长的汇出国外的利润的损失弥补上，对于那些石油供给有枯竭危险的国家来说，可能必须要有一个“警告”信号；但是石油供给看来不大像要枯竭的样子。

在 1850 年到第一次世界大战爆发之间的这个时期里，英国是一个良性和谐的例外例子，并且正如休伯特·亨德森经常指出的，别人若把英国的这个经验看作是一个先例就错了。它的资本输出是很高的，而且是不断增加的，到 1914 年，输出将近达到国民收入的 10％的数字。我相信这无疑是空前的世界纪录，它肯定远远超过美国人后来所达到的任何记录。然而，投资的收益却比投资增长得更为迅速。与此同时，英国的人口迅速增加，并且人均生产率也猛增;除了这种情况之外,还应加上小岛上国内粮食生产的收入递减情况,加上人口中主要部分在1850年仍极为贫穷因而把其收入增加的大部分花在粮食上这个事实。因此,粮食进口迅速上升。英国国内农业生产率在这个时期也有相当增长,虽然还不像第二次世界大战以来增长得那么快,并且绝不足以满足国内人民对粮食的日益增长着的需要。因此,在来自对外投资的不断增长的收入(超过不断增长的每年海外投资总额)和急剧增长的进口需求之间,曾达到过平衡。另一方面,英国的投资大部分集中在美国和阿根廷,这两国都是大宗粮食输出国,因而,它们能够用不断增长对英输出的办法,来抵消它们不断增长的资本账户的净额。也有相当数量的资本输出到欧洲大陆。对英联邦的资本输出反而更晚些,但仍存在着愉快的和谐关系,因为英联邦供应了英国粮食进口中一个不断增长的比例部分。不应该设想在一个拥有可供输出的资本的富国和它的进口需求的有规则的趋势之间,通常都将存在着这么一种愉快的和谐关系。后来如果英国不是必须卖掉那么多的国外投资来为两次世界大战筹集资金的话,也许在这种和谐中已出现了不利于外部世界的裂痕。

资本输入到一个储蓄不足的国家,在扣除了必须给外国资本家支付的利息和红利之后,可能还会增加国民收入;坦白地讲,人们都会预期正常情况该是如此。但是,对外收支状况也必须予以关注。因为,对于一个在贸易账户上有一个可观的和不断增长的顺差的国家(参阅上面引述的石油国家)来说,则不成问题。但是,并非所有储蓄不足的国家都如此。有一些国家如果欢迎外国投资的话,则可能不得不把它们产出中的一个不断增加的份额,用来获得对外贸易的顺差。是什么动机驱使着生产者和商人去求得这个结果呢？按照旧式学说，政府当局应当用国内实行通货紧缩的办法来提供这种动机，也就是说缩减国内需求，使得未来的出口商去国外到处为他们的剩余商品寻求市场，并使得公民们因其收入在贬值后降低而减少进口。那么，人们必定要提出这么一个问题，即由于外国资本的流入而导致的国内收入的净增加，究竟是大于还是小于由于国内就业的减少而导致的收入损失？这个问题没有先验的答案，需要根据经验来进行研究。

一种更新式的正统意见，把贬值说成是改善对外贸易状况的最好办法。这经常由于使贸易条件恶化而蒙受损失。这里又有一个根据经验，用对比外国资本流入所获的收益，来估计这个损失额的问题。净损失的可能性愈大，则该国的产出销往海外的比例便愈大。一切都以供给和需求弹性为转移。在一个国家的输出品大部分是由有世界市场价格的原料和粮食所组成的情况下，外国的需求弹性有时可能几乎是无限的，但供给弹性可能较低；国内价格的上涨，可能不会使生产者把他们的产出提高得很多。当这个国家是某一商品在世界上的一个重要供应者而该商品又占该国输出的大部分的时候，外国的需求弹性将不会那么高。就其进口品是由国内所不能生产的资本品所组成的这种情况来说，则它对这些进口品的需求的价格弹性可能是较低的；或者，摆脱了最低生活水平的人们由于收入提高了而视为“生活必需”的那些消费品，或许也是国内所不生产的，则对它们的进口需求的价格弹性也可能是低的。必须面对的实际情况是：贬值在一些情况下可能并不会改善对外收支状况。那可怎么办？可以给予出口以津贴，并且这种

做法在有些情况下(例如在拉丁美洲)已证明是有效的,但如果供给弹性低的话,则这种做法并不是很有用的。最切合实际的补救办法,可能是那种虽然令人皱眉头却被人们非常广泛地加以采用的办法,也就是对进口直接实行限制。

这是一个把由于获得参加国际分工的边际利益而招致的损失,跟由于贸易条件恶化(因采取贬值的救治办法)而招致的损失,加以权衡的问题。而且在这背后,存在着一个把这两种处置办法中的任何一种办法所招致的损失,跟限制外国输入以及因而产生的国内生产的损失,加以权衡的问题。

那么可能提问一个问题,即为什么输入资本的国家,进行不了为它实现最大速率的发展所必需的储蓄呢?答案又再次分为两部分。(i)一个穷国增加储蓄有其痛苦。(ii)输入资本通常是和输入技术知识联系在一起。穷国在必要时能够给自己供给更多的储备,但它们不能够靠自己给自己提供常常由输入的资本带来的新技术知识。

如果任何一种经济已实现了按自然率的稳步增长,则储蓄便不致引起问题。每一轮收入增长部分中都按一定的比例储蓄下来,使得收入和资本得以和谐地增长。可接受的最低限度的赢利率,受第 98 页所陈述最适宜利息率公式所支配。而它又转过来支配所选择的生产方法的资本密集程度。自然增长率,受到可以实现的扩大合格人员(包括熟练的企业家在内)的最大速率的限制。合用的技术知识问题可能是个瓶颈,进口某些技术知识也许是可能的。一个对自然增长率起着限制作用的重要因素对未来可能是不能预卜的。在一个有很大一部分人口工作仅够维持生存的欠发达国家里，要他们去从事在其他情形下本来是能够进行的各种生产行业，其伸缩余地也是不大的，销售和运输条件可能十分不充分。

那么，可能发生某种事情，引起一次突破。它也许是一场政治革命，抑或更温和些，一些决心有所改革的人接收了政府权力。这会使得增长曲线上产生一次拐折。在发生拐折的期间——或者我们应该说在继拐折发生之后的时期内——资本需求也可能不正常地高。要获得一个对等数额的储蓄，便可能必须缩减消费。在一种正常发展的情况下，所需要的储蓄，是靠人们把收入中的一定比例积攒下来的。他们将从他们后继的收入以及他们收入的增量部分中，把一个既定的比例攒存下来。在这种情形下，将无须去缩减支出；相反，支出将上升，因为人们所储蓄的，将只是他们收入增量部分中的一个比例，而增量额的其他部分都可用于增加支出。因而消费和资本的增长，能够同时和谐地并行而不悖。但是，当出现发展速率向上拐折的时候，则最适宜储蓄率公式便可能暂时需要缩减消费。

缩减消费的想法，必须加以比较细致的考察。收入效用递减曲线可能发生不对称的情形。我们可以分别考虑 x 英镑和 x+1 英镑的收入。某人可能在给定点上正享用着一笔 x 英镑的收入，并打算以其未来增加到 x+1 英镑为满足。这个满足，就是我们所说的收入的边际效用。但是，设若这个人已享用着一笔 x+1 英镑的收入，而被告知要被削减到只有 x 英镑。由这么一种前景所引起的不愉快，可能要比在前些时候由收入从 x 英镑增加到 x+1 英镑所引起的愉快大得多。有着吃得更好，穿得更好的前景是桩美事;但如果这个人得知这个增量不得不遭到削减或者被推迟的话,那他,可以说还不至于心碎。但是,倘若他享受一个较好的生活水平已有好几年了,却得悉他将不得不重新陋食褴衣,那么,这将委实使他感到恼火得很。

米查尔·卡列茨基,在那本题为《社会主义经济增长理论导论》的书中,讨论了这个问题。[①] 他没有利用收入效用的概念。这是受了社会主义意识形态的阻碍(我们能意味深长地说,他"过去"受过阻碍而"现在"不再受阻碍了吗?)。他使用了一个政府决定曲线的概念来取而代之。为了实现更高的增长而要把当前消费牺牲到什么程度,这要以中央政府的武断决定为转移。他假设政府不会激励资本按一种实际上引起消费暂时下降的速率来发展,而且还进而假设在过渡期间政府竟会(应该?)把资本的增长降到使消费可能有所增长的水平上,虽然增加的程度不会像在资本形成没有增加的情况下那么大。他的论点是就一个自力更生的经济来讲的。

资本流入欠发达国家,可否有助于缓和这个问题呢?这可以从两个相反方向来考虑。一方面,外国资本的输入,应该被看作是对外收支中的一个负项。对于一切有着实际的或者未来的逆差的国家来说,这个考虑必定有很重的分量。矫正对外收支的各种方法,都可能要把收入的增长降到它在其他情况下可能达到的增长程度以下。另一方面,外国资本可以把国内资本形成提高到它所能够达到的水平以上,而又不致暂时压低资本输入国的生活水平。

① 参见本书第 36 页。

前一种考虑，应该更加着重地予以强调，因为它在经济学专家和评论家的心目中没有什么地位。一些国家，自然特别是欠发达的国家，对于它们所允许流入的外国资本数额应该最为小心谨慎，除非它们在对外贸易方面有来得容易的并且是可以保持的，最好还是不断增加的顺差。发达的国家的辩护者倾向于把发展中国家的限制性措施看作是民族主义的征兆，但在大多数情况下实施这些限制倒可能是出自于明智的判断。欠发达国家对于它们所允许流入的外国资本数额，委实应该谨慎小心。一个仅能维持生存的经济在其转变过程中，可以允许有少量的外资流入，特别是为了帮助建设基础工程。但应懂得，只能允许有适当数量并且只能允许有一个相当短的期限。一些公司，包括跨国公司在内，开始在欠发达国家内投资，目的是为了经过相当一段时间后扩大它们的营业范围，面对着这些情况，有关国家应该贴出海报，上面醒目地写着“不行”两字。

欠发达国家首先需要的是技术知识。外国资本带来技术知识，并在这些国家内展示，这符合它们的利益。其实，输入技术知识，是它们的当务之急，对于欠发达国家来说，这个想法也许是个好主意，即制定出一项法律，规定它们唯独按以下条件才会允许外资流入；在它们国家运用的外资中所包含的一切技术知识，无论是在有关的欠发达国家内使用还是在资本输出的国家内使用，都应该使这些技术知识成为可供国内未来的生产者得以利用的东西，不管他们是所有未来的生产者抑或仅仅是那些获得政府执照的人。

“援助”自然完全应该受到欢迎。无息贷款可能也如此，只要其偿还日期是很遥远的话。这要以一国的对外收支情况为转移。20 年是一个颇短的时期。对于低息贷款,应该用很大的怀疑眼光来加以看待,特别是当它们只是相对于现今盛行的非常高的利率(按历史标准)来说才算是低的时候。随便地妄说一下,我想提出2%作为应该视为“低”的最大利息率。从发展中国家负担外债的沉重情况来看,以帮助欠发达国家为宗旨的国际的或国家的机构所索取的利息,与世界利率的当前水平之间的关系,应该是无关紧要的。

思想上和行动上的“社会改良家”们,对于掌权的庸人们实际上的所作所为,有着并且已有了某种影响。因而这一点是最重要不过的:他们的想法应该由精确的而不应由无条理的思想所支配。他们大体上看来似乎相信,对于富国来说,对欠发达国家进行巨额直接投资或贷款,乃是一件堂堂皇皇的好事。先进国家彼此竞争着要把社会改良家们的注意力吸引到他们在这些方面所已在进行的事情上来。社会改良家们并不明白,在欠发达国家中资本投资若超过一定的限额,便可以对它们的利益产生长期的损害。

社会改良家们所应全神贯注的事,乃是把技术知识分送到相对缺乏技术知识的国家里去。某些技术知识可能通过跨国公司或直接投资者的活动而流传到本地人那里去。我无法估计这种技术的传授在数量上的重要性;但我确信这种技术知识的传送,要比接受国为其最适度发展所需要的少得多。社会改良家们应该大力迫使办好事的国际的或国家的机构大规模地把技术知识分送给那些有需要的国家。这在某种程度上可以从这些机构所雇用的工作人员那里取得,但是,更重要的办法是对输出技术知识给予巨额补贴。

技术知识当然可以买到。在这里，我们便遇到了另一种“冲突”的例子。给欠发达国家带来技术知识的传播者必须在那些国家停留一些时间，以便把技术知识推行开来。实际上，他们停留的时间经常都很短。他们的薪金，是根据他们本国的薪金结构来支付的。这些薪金常常是同等的本地人的薪金的许多倍。后者可能是在美国或欧洲有最高声望的地方受过了技术训练，并且跟短期应聘的外来技术知识传播者有着同样的智力。但是这些人的人数不会也不可能有足够多的数量。这就产生了不和，确实使得一些欠发达国家不大愿意聘请外国的技术知识供应者。我建议，由国际或各国的社会改良机构对于在欠发达国家工作的外国专家正规地给予收入补贴的计划，应该被置于最优先的地位。这样，这些国家的政府或公司，便能够按跟同等的本地专家相同的工资率给外国专家支付薪金；而外国专家则由国际机构给他们补足薪金。自然，那些“深知内情者”会知道这是怎么一回事，但一般百姓并不知道；此外，还会消除掉那些阻止本国公司雇用外国专家的实际障碍。

对从先进国家来到欠发达国家的技术知识专家实行补贴，乃是为了帮助欠发达国家而能够做到的一件最为重要的事情。而技术知识的流入应该不取决于资本的流入，后者的最适度水平是由完全不相同的考虑来支配的。

总的来说，本章的倾向对于国际资本流动颇为不利。我认为采取某种限制是合乎需要的。但是，它跟那种考虑到往来账户有可能发生差额，而主张用限制的办法来裁减资本流通，以便使得对外收支达到全面均等的观点，是完全不同的。

凯恩斯对于国外投资主要是持敌对态度。正如我已叙述的那样，只是在他去布雷顿森林会议的旅途上他才相信建立世界银行是一个好主意。但是倡导世界银行（它有自己的各种评估利益的标准），同允许私人资本在国际上自由流通，是完全不同的两回事情。然而，他之所以采取敌对态度，其动机是和我颇不相同的。他主要是从投资国，特别是从英国的自私观点来考察问题的。他强调重视其缺陷方面，并且根据长期的统计研究，想要证明英国国外投资的净收益低于国内投资的收益。从而，我们只好来劝阻人们进行国外投资。和这个观点交织在一起的是这样一种观点，即认为鼓励国内投资以减少国内失业是可取的，而当他对这个问题正积极进行思考的时候，失业竟是如此之高。自1945年以来，国外投资方面的缺陷似乎并没有凯恩斯所考察的那个时期那么大。

依我看，对于国际资本，应该按照我在本章里所曾努力阐明（虽嫌粗略）的准则加以限制。这些准则定会确立一个资本最适度流出（或流入）率。设若最适度率既定，则我认为，当传统武器似乎无力给往来账户确保获得一个适当顺差或逆差的时候，要人们去干扰最适度水平的资本流动，就一定会比对自由贸易加以限制，更为人们所不愿意。

第十章　通盘考察

想要制定出可成为动态经济学一般理论的基础的某种公理来，这个意图的中心部分，乃由下述一组三个方程所构成：

$$G=\frac{s}{C}；G_w=\frac{s_d}{C_r}；$$

$$G_n=\frac{s_\sigma}{C_r}（或\ s_\sigma=G_nC_r）。$$

G_w 方程式说明需要有什么样的增长率，才能使得人们所愿意进行的储蓄等于投资需求。当然，储蓄总是而且必然是等于投资的，这个事实是 G 方程式所陈述的。但是，储蓄实际上总在增加，因而可能高于或低于人们（包括公司）过去曾打算以及现在所想要进行的储蓄。G_w 方程式所表明的，是和储蓄相一致的增长率；而这个储蓄乃和人们所要进行的储蓄相等。同样，G_w（“有保证的”增长）方程式中的 C_r，代表着供应厂商觉得大体上和当前的或预计的需要差不多的那种固定资本和存货的追加数额。在增长时，他们中间有一些人将继续增大他们的订货率。但是，如果当前的实物资本的追加额和他们认为当前需要的数额相等的话，则他们为了使他们实物资本（即固定的和流动的）和他们所需要的相一致起见，便不会增减他们的订货率。总而言之，有“保证的”增长率，乃是那种使人们所愿意进行的储蓄和所需要增加的实物资本相等的增长率。

然后，还有一种十分不同的增长率，我已称为“自然的”增长率(G_n)，即这种增长率充分利用了增长了的劳动人口，而且也体现了有关商品和服务的生产方法方面的技术进步，只要这种技术进步是可以用来这么体现出来的话。在当前著作中所没有得到广泛承认的乃是这种看法，即认为有两种标准的增长率，一个是使资本需求能吸收掉人们所要进行的储蓄的增长率，一个是和当前成为可供应用的人力与技术进步的增长相适应的增长率，二者可能是完全不同的。其实，这两个增长率，一个足以把愿意进行的储蓄物化为实物资本，而另一个却足以把可供合理使用的技术进步加以体现，若二者相同的话，这倒是非常巧合的事。我并不觉得这就是当前著作中非常强调的最重要的分歧之处。对于正确的经济增长理论来说，这一点倒是非常重要的。

大概负责经济政策的当局，就其制定出一项旨在影响当前经济活动水平的政策来说，将选择以实现自然增长率作为它们的目标。让经济去实现就其增加的人力和应用科学的新发现所能实现的最大限度的增长。

这里要谈一下枝节问题。“增长经济学家们”由于主张优先增加那些包括在国民收入或者 GDP 的统计测量中的商品和服务而受到批评。也就是说，他们要不惜一切代价去致力于增加 GDP，而且经常是不惜牺牲那些给人们以快乐但并不包括在 GDP 之内的其他东西。有列述各个国家 GDP 增长率的国际比较图表，而在表中居于低下地位被看作是相当糟糕的事情。就我本人讲，我倒愿意非常强烈地摒弃这种态度。英国近几年来在国际比较图表中的地位是较低的；但是，我倒觉得英国普通人的福利较之其他大多数国家都上升得更快。

闲暇的增加，可能被认为包含有幸福的增进，虽然在现代世界里（这里的情形跟工业革命和工厂法初期的情形颇不相同），它可能会使得GDP要比在其他情况下增长得更慢些。我对于进一步缩短工作日的长度有些怀疑，因为工作应该是一种愉快（见下面）。但是，假日的增加必定增进幸福。

其次，还存在有整个的劳动条件问题。这些条件的改善，即使减少了GDP，也肯定会增进人类幸福，何况它未必常常都如此。我最近阅读了科尔夫人给她丈夫道格拉斯·科尔写的一篇很好的传记，她丈夫曾是很久以前人们所说的基尔特社会主义的奠基人。它的主要思想，乃是主张工人应该主宰他们的命运，并且有管理自己劳动条件的合法权利，而不是在这方面要不就听命于资本家老板的指挥，要不就听命于一个中央的社会主义政府的指挥。科尔在他一生中，在所谓基尔特社会主义运动销声匿迹之后很长时间内，都一直对这个问题保持着密切的关注。工厂内自治的成就愈大，会大大增进人类幸福，虽然它减少了统计上所计算的GDP的价值。

再次，还有保持乡村环境的舒适和控制城镇发展方式的问题。这是政府可以进行干预（积极的或消极的）的一个领域。它的积极的干预，例如建造公园，其积极意义在计算GDP时，很可能被过于低估——这部分地是因为它们是按成本估价而无利润。更为重要的是，在城内或城郊允许以什么方式，在什么地方以及建立什么样的私人企业等方面的限制，将由于增进幸福而增添福利，然而无补于所计算的 GDP，并且很可能由于阻止了或者妨碍了许多赚钱的计划而使得 GDP 减少。

在这一方面，应该补充一点，即从事于实施这类限制的人员，都应该是一些最富有智力、远见和想象力的人。如果有一个中央政府部门从事这一工作，则应该把它看成，譬如说，比财政部或外交部更有威望得多。这项工作，大概将必须由中央和地方当局分担。至于后者，还可能会有问题，因为有些地方——并不是所有地方——可能缺乏合格的本地人才。

但愿前文所述足以使读者不致有这种观念：增长经济学家希望给予 GDP 的增长以最优先地位，或者比增进其他舒适条件更为优先的地位。然而，他们所坚持主张的，乃是在前面所述的界限下，不应该为了诸如制止国内物价膨胀或纠正国外收支状况这样的目的，而使经济增长降到它在其他情况下可以达到的水平以下。在为人民提供舒适条件和有充分闲暇的条件下，我们要求人民利用最新技术成就尽可能生产出更多的商品和服务来。我们并不需要为了对付物价膨胀或对外收支不平衡而削减他们的工作、产量或者就业。应该寻找其他方法来对付那些问题。

在用公式表述有保证的增长率（G_w）时，出现了 s_d 项，它代表着人民当前愿意储蓄的数额，但表现为收入的一个分数。“人民”，是由个人、公司和政府所组成；而就最后提到的政府来说，则它认为储蓄作为正常制度的一部分，是要审慎进行的，而不管这种储蓄是用来偿还债务，抑或用来资助资本支出中一个合理的比例部分。由一个打算审慎地调节经济（即防止需求膨胀或收缩）的中央政府所进行的储蓄(或负储蓄),则应在评估政府自愿储蓄的多少(整个 s_d 中的政府部分)时,把它减掉(若是负储蓄,则应加上)。

应该强调的是,这样给 s_d 下定义,并不是说人民时常甚至通常都想把他们收入中的一个恒定的比例储蓄起来。人们可能认为,与其用那么多的英镑数或便士数来表示一个社会花费在小汽车上的金额,不如用他们的收入的一个比例来表示,倒更方便些。使用这样一种表示法,并不包含有这个意思,即人民随时确实是把他们收入中的一个恒定的比例花在小汽车上。小汽车支出曲线,按照这种表示法,很可能会随着情况的变化而上升、下降或波动;用收入中的一个比例来表示的人们想要储蓄的数额,也会有类似的情形。

人们可能认为,相信这一点是有道理的:收入之多少通常总是决定人们愿意储蓄的金额的唯一最重要的因素;但并非在一切情况下都是如此,还可能有其他的重要决定因素。把人们想要储蓄的金额表现为收入的一个比例,和把他们想要储蓄的金额肯定为收入中的一个恒定的比例,二者之间全然不同。基本的增长方程式是严峻而明确的,若把决定人们储蓄愿望的因素做一个轻率的概括,并把它引用到它们中间去,那就会铸成"大错"。

如果人们所愿储蓄的数额(表现为他们收入的一个比例)是在上升,而 C_r 却不变,则有保证的增长率也将上升,反之亦然。这种上升不可能永远进行下去,除非是自然增长率有一个相应的增长。

一个上升的 C_r 是和下降的有保证的增长率相结合着的,反之亦然。C_r 在下述情况下将保持不变:(i)技术进步是中性的(参见第四章);(ii)与当前的技术相一致,为生产出公民们用他们后继的收入增量去购买的商品与服务所需要的平均资本密集程度，仍旧未变，抑或是在(i)和(ii)二者恰恰相互抵消的情形下发生变化。节约劳动的技术进步，需要 C_r 上升(这又需要 G_w 下降)，如同在当前既定的技术状况下，消费的增加会使商品与服务所需要的资本 S 有增加的趋势一样。

在可能采用的各种生产某一种商品或某一种服务的方法中间，被选择采用的是那种方法，即它在投入品的当前既定价格的情况下，成本最低的，并且以此为条件：它所需要的额外投资，较之按资本密集程度下降的序列所排列的表上仅次于它的那种生产方法所需要的资本，获得更充足的报酬。这个“条件”是很重要的。可能有这种情形：在一个从 A 开始的按资本密集程度下降的序列排列的表上，A 方法按一切投入(包括资本在内)讲，其成本都较之 B 方法为低；而与此同时，A 方法所需要的额外投资的报酬，与 C 相对比，却低于可接受的资本报酬率，而且低于 B 方法所需要的额外投资的报酬率。如果方法 A 所需要的资本的报酬，低于我们所说的可以接受的最低限度资本报酬率(MARC)，那它将不会得到采用。这个 MARC 和市场利息率的联系是松散的，但通常只是在一个相当长的时滞之后。于是，我们便又回到了利息率对生产方法的资本密集程度的影响这个古典问题。我已表示了这个观点(但这个观点纯粹是个人的，并且**不必**作为我的动态经济理论的组成部分)，利息率和 MARC 对于生产方法的选择，并不常常有很大的影响，因为还有许多更为重要的影响支配着各种可供采用的生产方法的相对总成本。人们可能估计到利息率若上涨到一个相当高的水平，而且利息率继续保持在新水平左右不是几个月而是几

年的时间，并且预期利息率在相关的时期之内还将继续停在那个水平上，则它便可能产生重大影响。纯理论并不能告诉我们利息率之上涨究竟是有鼓励储蓄还是有抑制储蓄的趋势。一切都以储蓄者不惜牺牲现今收入而对将来收入的需求弹性为转移。

一种资本密集程度较低的生产方法，是和一个较高的有保证的增长率结合在一起的，反之亦然；而且一个较高的储蓄率亦如此。因此，除非是高利息率可能出现的抑制储蓄的反常的影响胜过它的其他影响，否则我们可以断言，一个较高的利息率将导致一个较高的有保证的增长率。

在自然的（最适宜的）增长率方程式中，最适宜利息率 r，更好的最适宜的 MARC，只是由收入的社会效用递减弹性曲线所决定。它和个人所愿意进行的储蓄数额多少毫无关系。顺便提出要注意的是，MARC 这一概念在政府经营企业的情况下就和在私人经营企业的情况下一样，都可以适用。其实，在这两种情况下都应该采用一个相等的 MARC，否则，生产资源将遭到滥用。

在设计应该包括到有保证的增长的基本方程式中去的利息率概念时，还有一些困难。我们大概可以肯定地认为，在大多数活着的经济学家的心目中，那种认为均衡的市场利息率是一种会促使储蓄的供给和投资需求相等的利息率的老式古典理论，已被凯恩斯置于死命了。他争辩说，就业水平有多少，这样的利息率就有多少，而且市场力量中没有任何东西，可确保它们使得实际的利息率移到那种水平上（凯恩斯称这种水平的利息率为“中性”利息率），即在充分就业时使得储蓄的供给和对用于投资的货币资本的需求平衡起来。这么一种结果，只可能是极其偶然的巧合。如果实际利息率要保持在“中性”水平上，就必须要靠政府当局审慎的管理。这与宏观静态均衡有关。

当我们转到动态经济时，类似这样的问题便变得更加强烈。可能出现的增长率多种多样，每一个都各自需要有不同的储蓄量(=投资)。可能有人想要借用凯恩斯的观点，并把一个动态的“中性”利息率假设为一个使有保证的增长率和自然的增长率相等起来的利息率。这实际上没有意义。人们可能设想合意的储蓄构成收入的10%，并相应地决定了有保证的增长率，而自然率则需要有15%的储蓄率。玩弄一下利息率就能够把这个额外储蓄全部诱出来，这一点靠得住吗？或者想用高利息率来压低生产方法的资本密集程度，但这只有在利息率极高的情形下才可能实现。不过，由此产生的形势，便不会是一种按其自然率增长的状况。

生产方法的资本密集度若要与自然增长率相结合，它就应该由一个利息率，或者最好是一个MARC来决定，因为它们反映着收入效用随时间的进行而递减，这是和前述平衡技巧完全不同的某种东西。

同一论据反过来也当适用于高水平储蓄的情形，在这种情形下，似乎并没有把握可以设想低利息会大大减少合意的储蓄率。

如果有保证的增长率持续和自然率不相等的话，则财政政策看来就是显而易见的药方。如果私人储蓄不足以支持经济按其自然率增长，则政府便能够用造成预算节余的办法来补充它。反之，如果由于总需求不足而发生过度储蓄，导致停滞和周期性衰退的话，则政府便能够用造成预算赤字的办法来增加那个总需求。这些药方看来似乎非常简单，但它们绝没有因此而失去价值。

英国政府当局近来已陷入性质颇为严重的技术困境。不应该把它们所采取的措施,都看成意味着它们已立足在关于全面动态力量的睿智的忠告之上;它们大概已过分地倾向于通货紧缩。但是,即使它们未曾如此,它们所面临的进退维谷的困境也是非常真实的。

一方面,在 1945 年后,英国议会决议把工业中的一些重大部门实行国有化,而这些部门显然是需要资本的。近来从某些方面传出了进一步国有化的风声,但不必看得过于认真。顺带提一下,我们所讨论的这个进退维谷的困境,虽然实际上是英国经济政策决策工作所面临的最严重的困难,却似乎没得到广泛重视。政治家们,甚至那些原则上反对国有化的人,抑或新闻记者及其他受人欢迎的作家,都很少提到它。

我们所讨论的那些国有化工业部门每年都有巨大的资本需求。早些时候,其中一些部门可以发行自己的债券,但是,由于这些债券支付固定利息,并且有政府担保,因此它们非常类似于普通的政府债券。后来,政府把给它们供应所需要的可处置资本的工作承担起来。这是它能够做到的,办法是要么向公众发行政府债券,要么从税收收入超过当前开支的预算节余中筹措来。在最近期间,政府已几乎完全靠后一种方法。

多年来,投资者对于政府公债已表现出日益递减的胃口。在 60 年代的中期,好的无固定利息股票的收益,曾有史以来第一次跌到政府债券收益之下。其主要原因,可能是以有着良好的长期可靠性而驰名的大公司已大大增加。另一个原因曾被人们着重强调过,而且从最近期间的情况来看也确实如此,这就是公司的股票不像政府债券，公司股票是有着对付物价膨胀的屏障的；而且物价膨胀将继续下去（希望不像现在1971年那样的速率）的想法，已成为一种被广泛接受的信念。

这样一来，我们便陷入了一个进退两难的困境，即需要政府年复一年地按任何非社会主义国家所不可比拟的规模供给资本，而投资者对政府债券的厌恶却与日俱增。除此之外，还必须提到从两次世界大战中承继下来的巨额国债，其中相当大一部分是每年为了偿还债务而借的，因而又产生了出售新债券的必要。这就使得那些负责管理国债的人们感到头痛。我深信，政府当局天天操心的这个问题，已促使政府去筹划出一笔更大的预算节余出来，这笔预算节余比起他们为了维持经济的总需求按其自然率增长而调节财政政策（即调节预算节余额大小）时所要筹划的数额来，要大得多。筹划大笔预算节余，乃是一种非常严厉的财政紧缩的措施，这很可能是英国何以近几年来在国民经济增长率的级别表列上，竟沦落到如此低下地位的最重要的原因。这种低下地位之所以造成，和所断言的企业缺乏效率抑或工会制造的麻烦，根本没有什么关系。

解决这个困难的一个办法，乃是回复到老制度上去，即让国有化企业的董事会发行它们自己的有价证券，与此同时又允许它们把无固定利息股票的成分引进到它们的业务关系中来。在早些时候，它定会遭受到反对，因为它看起来像是要保留“资本主义”制度的利润特点，而利润则正是社会主义和国有化所要消灭的主要目标之一。从那以后，思想已变得不那么僵化，并且一涉及基金的投资问题时，社会主义者便毫不迟疑地建议发行无固定利息的股票了。

自然，在这种建议下，董事会被允许追加到成本中去的边际利润，定要服从于根据所同意的原则而进行的调节。不会让它们利用它们的垄断地位收取到垄断利润。在以这个限制为条件的时候，在投资者的心目中，它们的无固定利息的股票会有能力和私营企业的股票竞争吗？私营企业的投资者，可能希望分享到在这个期间私营企业的易于增加的追加垄断利润。董事会虽然受到这种限制，但在享得政府的长期支持方面却拥有优越条件。人们可能提出一个计划，按照这个计划，如果他们陷入了一个蒙受亏损（有些人业已蒙受了亏损！）的时期，则政府当提供津贴以便使红利得以维持。这会使纳税者的钱要比在现行制度下花得少多了；因为在现行制度下，他们不仅必须给国有化企业提供当前的津贴，而且还有一个更沉重的负担，就是要从他们的税款中提供出工业年年所需要的巨额新资本。那些在目前遭到了亏损的企业，大概不该包括到这个计划里来。

有时候人们对于某些负责部门的价格政策感到惊奇。铁路的运费一涨再涨。用降减运费的办法，不必全面地降减，而只是对有公路运输进行积极竞争的那些旅行实行运费降减，以吸引顾客，岂不是一桩更好的生意吗？没有多少年以前，人们计算过，如果谁要是单身在伦敦和诺福克之间旅行的话，乘汽车的花费和乘火车是一样多的。现在，乘火车要贵得多了。尽管火车更加方便，但旅行者单单就是为了省钱而选择汽车的情况必是多极了。那么，本章开头曾提到过的乡村与城镇的舒适条件又将如何呢？乘汽车旅行比乘火车旅行，对于这些舒适条件更有破坏性。

关于政府债券，几年前我曾提过一项同类性质的建议。为什么不采用利息可伸缩的办法，使得政府债券更富有吸引力呢？采用任何类似防御物价膨胀的屏障的办法，都会和公共政策背道而驰。那就可能要承认失败。当局的坚定的立场应该是：它们下定决心要果断地进行战斗直至消灭物价膨胀。但是，人们难道不可以发行一种其利息上涨将与全国生产率的增长成正比的证券吗？这当然不可以是由某个计划人员所假定的增长，而是由统计一年年地记录下来的增长。

关于把总需求维持在正确水平上的目标，可以援用货币政策来协助财政政策。这个问题的麻烦之处，乃是货币政策需要做的工作是如此之多。如果财政政策无须帮助就能够完成这项特殊任务（并不存在它无力完成这一任务的明显的理由）的话，那么，在前述债务管理困难的条件下，让货币管理当局去自行完成它们的其他任务，看来倒是妥当的做法。

有保证的和自然的增长率之间的不相等（过度储蓄或储蓄不足），可能是一种连续性现象。可能有一种收敛或发散的趋向。当然，表现增长率在时间进程中的各连续值的曲线，特别是有保证的增长率，时时都可能有凸峰或凹洼，因为由于有某种需要有巨额资本支出（它相对于整个经济来说也是一个相当大的值）的新发明（如核能），增长率便受资本需求所影响。但是，由于科学技术发明而引起的资本扩展，可能需要有好些年的时间才能达到它们的最高峰，因而所引起的 G_w 曲线上的凹洼可能会被弄平。自然增长率曲线上可能出现凸峰，但是，这要在我们所讨论的这种事件在有保证的增长率曲线上造成凹洼之后才会来到。总的说来，自然增长率和有保证的增长率的收敛(或发散),在未加调节时,似乎是一种缓慢移动的过程。因而,在相当长的时期内,常常需要动用调节武器,目的是使它们尽可能接近。这似乎适合于财政政策。一个政府可以作为调节政策而年复一年地继续搞预算节余(或赤字)。但其实,如果财政武器能够承担起一项远距离任务,并且如果人们预期它不会发生引擎快速倒转的事情,那就使得世界上一切事情都变得简单了。

政策顾问和有关的部长们,动不动就抱怨说,为了赢得立法机关来实施他们的要求,竟要花费那么长的时间。特别是在美国,人们总抱怨要赢得国会按照政府建议的方向来改变方针需要费几年的工夫,而到那时候,付诸实施可能已嫌过迟。抱怨立法机关不言听计从的怨懑之声,在德国也可以听到。在英国,情况稍许不同些,因为议会通常都是在内阁的控制之下。这些“过迟”的怨声里,包含有这个意思:依靠财政政策去对付快速移动的变化,应该是可以做到的。这就误解了究竟什么才是财政政策所固有的主要目的——使有保证的增长率和自然增长率接近,也就是说纠正一个未加调节的社会的储蓄过少或过多的趋向。

当政府当局决定有必要采取行动的时候,货币政策能够很快就付诸实施。中央银行可以立刻踩踏加速器抑或刹车。至于要使有保证的增长率和自然增长率相等这个目的,也许偶尔可请它帮一下忙。例如,在前述有保证的增长率曲线上出现凸峰或凹洼的情况下,它也许可以有所帮助。但是,就整体来说,货币政策应该留作用于它的其他非常重要的任务。

前文所叙述的,已涉及自然增长率和(未加调节的)有保证的增长率之间可能的,其实是极其可能的不相等问题。其次须考虑的,乃是实际的增长率偏离有保证的增长率的问题。恰恰就和有保证的增长率跟自然的增长率相等当是一种惊人的巧合一样,如果在一个时点上实际的增长率竟和有保证的增长率相等,那也当是一种巧合。然而,这里还有所不同。未加调节的有保证的增长率的偏离程度在相当长的时期内往往是相当稳定的,并且变化得较慢,而实际增长率对有保证的增长率的偏离程度,倒是会在短时期内迅速增加。因此,为了纠正后者的偏离,行动迅速的货币政策武器是适用的,而且实际上也是必要的。

货币政策的主要目的,就国内方面而论,乃是一方面要防止需求拉动型通货膨胀,另一方面又要防止失业增加。这两种趋势,如果不加以纠正,可能迅速严峻起来。若希望动用财政武器就能足够迅速地独力制止住这些运动,那未免太过愚蠢;而且,把财政政策运用于这么一项任务,也许会伤害它实现其长远目标的能力。然而,如果以前的货币管理失当,便还可能有某些这样的机会:运用财政政策可能为害较少。脱缰难制的运动的性质,在第三章中已做了描述,在第七章中又做了进一步的讨论。

在实施了一项负责的财政政策的背景下,货币政策常常应该有能力遏制一种需求拉动型通货膨胀。所谓“负责的”政策,是说政府不搞超过个人和公司可能搞的“过度储蓄”的巨额赤字。战争时期需要紧迫,可能有必要搞这么大的赤字。在那种情况下,货币管理当局不能够有任何作为,来防止需求拉动型的通货膨胀。(货币主义者有相反的意见吗?)在这种情况下如果要遏制物价的膨胀,就必须实行直接的控制。

人们对于利息率的变化对储蓄率在数量上的影响之重要性乃至方向，对于这类变化对资本产出率的快速影响，已表示怀疑，这既因为MARC相对于利息率的变化来说是迟钝的，又因为资本产出率对MARC变化的反应在数量上可能常常并不很重要。但并不能由此得出结论说，货币政策不可能产生重要影响。我很长一个时期以来一直坚持这个主张：货币政策具有决定性的重要影响。

利息率的变化，和货币供给的变化息息相关。在相当短的时期内，常常并没有一种严格的相互关系。人们曾企图制定一项双重政策，即在提高（或降低）短期利息率的时候却降低（或提高）长期利息率，通常是为了在保持国内货币松动的时候控制资本外流，以免使国内的经济活动衰落；反之亦然。这种用中央银行的不同利息率来分别买卖短期和长期有价证券的双重政策，看来好像已取得某些成功，但只是在十分短暂的时期内。利息率和货币供给之间的联系，仍然保留下来了。

一项限制性的货币供给政策，它所借以使总需求的水平或增长率降低的主要途径，并不是依靠它在提高市场利息率方面的影响，而是依靠这种办法：使公司为扩展经营而借钱的愿望变得更难以实现。力求增加基金的公司所面临的资本市场，是一个不完全竞争的市场。公司有它们传统的交往关系，而且它们还可以寻求新的交往关系，如果它们失去了前者的话。还有结算银行、其他银行（其重要性近来已现增长的趋势），以及其他给企业供应资金的金融机构和辛迪加。如果所有这些单位，被中央银行的货币政策弄得全面短缺准备金的话，则它们将不得不拒绝给予贷款，而在货币较为松动的情况下它们本来预备给予贷款的。企业环顾四周，发现它们无论是通过这条或那条渠道，都无法筹集它们的货币资本，而它们需要这个货币资本来为它们认为可能是有利可图的实物资本的形成提供资金。当前英国的关于非结算银行应该服从于“准备金需要额”规定的建议，可能使货币紧缩进行更为迅速和更加有效。

由于缺乏可以通过各种不同有效渠道得到的贷款，企业的订货减少，从而低于它们在其他情况下会达到的水平。货币管理当局可以实行一项紧缩的货币政策，把它推进到订货总量不再超过经济的供给能力的程度；换句话说，它们能够结束需求拉动型通货膨胀。它们通常是拥有消除需求拉动型通货膨胀的全权的。

由于工资—物价螺旋上升而造成的物价膨胀，则是一桩完全不相同的事情。货币政策和财政政策合起来都没有能力防止它，但在某些时候也许会对它有某种影响。这桩事可以确切地加以阐明。总需求过度，就需要物价比货币成本上升得更快。而在物价与工资你追我赶的时候，则需求拉动型通货膨胀便必然意味着物价必定比成本上涨得更多。这可能给工资—物价竞赛本身以一种独立的拉动力。它可能火上加油。如果这种会导致物价上涨的对总需求因素的影响能够加以消除的话，这便可能减少工资和物价之间的疯狂角逐。这并不是确定无疑的，而且也不能够把它说成是动态经济学的一个公理，但它倒像有些道理。另一方面可能会发生这种情况，即不断衰落的总需求若大大低于经济的供给能力，便倾向于加大任何可能正在进行着的工资—物价螺旋上升的步伐。不断衰落的总需求若低于供给能力，可能会提高单位生产成本，从而提高公司必须计入到上涨了的价格中去的工资增加的份额。这将加速工资—物价的螺旋上升。近些年来，美国和英国通过实行过度紧缩的货币政策来压低扩张率，实际上则可能已成为1969—1971年间这两个国家的工资和物价的螺旋上升加速的一个原因。但它当然不是唯一的原因。要找出主要原因，我们还不得不指望于社会学因素。在这种情况下，若是想结束这种螺旋上升，则直接的干预，无论是根据自愿抑或根据命令，将是必要的。

当问题是要提高总实际需求时，则货币政策的力量并不是那么可靠。货币供给可能增加到足以给通常对企业进行贷款的各种代营机构提供足够的流动资金，以赞助一切看来合理的要求。以前由于代营机构没有足够准备金以满足一切自身本来是合理的要求而可能曾经有过的任何限制，都开始消除。企业主们，不再会因遭到那些正常提供资金供他们使用的金融代营机构的拒绝而撤销计划。

然而，这种意义上的松动货币，可能不会在任何情况下都足以引起经济活动和就业有可观的扩张。如果由于一次严峻的衰退持续至今，绝大多数企业主发现他们手头现有的资本设备相对于他们当前需要来讲正是大为过剩的话，则这种情况便可能发生。他们会说："在还要进一步增大我们过剩的生产能力之前，我们想要看到我们所生产的东西的需求实实在在确有扩大。"类似的理由也同样适用于存货。但是，货币供给的增加本身并没有而且也不能独力增加需求。如果对存货的需求目前没有增加，则商品和服务的供应商便没有增加其订货的动机。只有在数量可观的企业主以前曾由于资金匮乏未能进行订货，而在**现在的条件下**他们已要进行订货的情况下，则松动货币才会引起订货的增加。这才把球滚动起来了。这些追加订货的乘数效应，将引起增加了的活动普遍扩散到全国。但是，如果在刚过去的前一时期，只有微不足道的少数人是由于难于获得所必需的资金而无法进行订货以追加资本的话，那么，松动货币将不会使球滚动起来。

我并不重视所谓“庇古效应”的东西，其实我相信这个理论是建立在一个隐晦的谬论之上。这个理论认为，消费者若发现由政府当局所提供而由他们获得的那部分增加的货币供给，超过他们的需要而有余，则他们便会将把它花在消费上。但他们的资本总额(包括其中他们持有的现金在内)将没有增加。他们所增加的货币是靠减少持有的有价证券而得来的。如果他们用额外的货币来购买消费品，那他们就将是“吃老本”。好吧，许多人都一直是在吃老本；而他们在这方面的行动，即他们花费的数额要多于更大一部分人以其花费低于收入所抵消的数额。没有理由认为，一开始松动货币，就定会使得人们突然决定入不敷出地过日子，而他们在以前并不是这样的。更确切地说，他们所力求做到的，将是恢复过去他们的有价证券对他们持有的现金的比例关系。他们资产的构成的改变，将不是故意进行的。这种改变，可以说是在最后的时刻偶然在他们那里发生的。他们将计划恢复过去有价证券对现金的比例，而且绝大多数人实际上将恢复它。

但是，他们不能够全都这样做，因为“货币松动政策”将通过首先是由中央银行，而后紧接着是由储蓄银行，以有价证券向非银行公众换取现金的交易来推行。结果，非银行公众可能得到的是较小数额的有价证券和较大数额的货币。这种非银行公众将力求通过购买有价证券来恢复其有价证券对现金的比例。这便将产生提高有价证券价格从而缩减当前有价证券收益的趋势。绝大多数人将不顾这个而进行投资。但是,随着有价证券价格上涨,主要是在非银行公众的成交业务中,将有一条由于有价证券的收益下降而阻止他们购买有价证券的边线。他们会对自己说,如果他们再稍许等一会儿,有价证券的收益即将上升。而且他们经常是对的,因为当一项松动的货币政策在造成经济复苏方面取得成效时,则利息率或"收益"在这种复苏之后会有立即上升的倾向。

这是凯恩斯关于"流动偏好"的基本学说,它和"庇古效应"学说不相容。依我看,前者有优越的逻辑力量,而且它是由这么一个人提出来的,此人对于纯经济理论与事件的顺序之间的相互紧密配合关系,要比庇古了解得更为充分。

因此,如果让一次衰退越来越得势并持续一个相当长的时期,则货币措施便可能失效。其教训是,货币措施应当迅速采取。这样做并没有技术上的困难。中央银行能够及时地开始购买有价证券。衰退或停滞持续的时间愈长,则货币政策的效果便愈差。所以,重要的是:一出现衰退的征兆时,或者更严格地说,一出现订货增长率跌到经济供给能力增长率以下的征兆时,就应该采取一种松动的货币政策。可能需要对此做某些修订,如果未完成的订货像现今(1971 年 11 月)德国的情形那样,发生大量积压的话。这类积压的存在乃是过去管理失当的症状。

货币管理当局应该最为警觉地关注的增加货币供给的恰当时候,乃是在景气的顶峰时刻。他们耽误的时间越久,他们的措施的效果便愈差。

在正常情形下,诸增长率间有两大不等式。一个是有保证的增长率（由人们想要储蓄的数额以及“所需要”的投资水平，即资本—产出率所决定）和“自然的增长率”（由劳动人口的增减以及技术进步所决定）之间存在差额。另一个是实际的增长率和有保证的增长率之间不相等。（1. $G_w \neq G_n$；2. $G \neq G_w$）

前面所述论点的主题乃是：财政政策主要应与所提到的第一个不等式（$G_w \neq G_n$）有关；而货币政策主要是应与所提到的第二个不等式（$G \neq G_w$）有关。前者对于随着时间进行得相当慢的变化，都是敏感的；而且它本身对变化也将要求是慢慢移动的。货币武器是能够迅速变化的，而且动用它来服务于它的目的的这种要求也是迅速来临的。但是，我们应该认为，货币政策和财政政策二者应是偶尔一道用来相互支助，以履行它们各自的具体任务。既不是二者中任何一个，也不是二者合起来，能够纠正得了工资—物价螺旋上升这一大弊端；而要做到这一点，我们还需要第三种政策武器，迄今我们唯一知道的，乃是直接干预工资合同和固定价格（“收入政策”）。

对外收支怎么办呢？应该用什么样的政策工具来使得它相等呢？有时候人们假设：恰当的国内货币政策和财政政策，终将自动地确保对外收支平衡。这种观点，在经济理论上或者实践中都没有根据。无疑，把一项紧缩通货的国内政策，推行到造成经济活动下降和失业增加的地步，就能够通过缩减进口需求而纠正对外收支的逆差。但是，这里有一个矛盾。难道我们为了恢复对外收支的平衡竟然应该去忍受失业的增加和生产的缩减吗？难道没有别的政策武器可用于那个目的吗？应该注意的是，由于经济活动的缩减所引起的商品与服务的产出的缩减，在数量上将大大超过本想用这种方法来消除的对外赤字的数额。所以，为了改善对外收支状况而对国内经济活动实行削减，从世界福利总量的角度以及政治经济学的角度来看，乃是一种应予取缔的药方。

凡是为了减轻或消除工资—物价螺旋上升所能实施的一切措施，都是既有利于国内经济，也有利于对外收支的，只要需求弹性如同通常人们所推想的那样都是正确的话。

越来越多的人承认，经常运用减少国内的生产和就业的武器，这一想法是不能令人满意的，甚至是野蛮的。这已引得人们的思想转向于这种意见，那就是：当国际收支出现逆差时，实行可浮动的汇率，将是一项更加可以接受的用以恢复对外收支平衡的方法。所研究的这个方法问题，分成两种意见，主张应该更加经常地在国际货币基金组织章程所许可的范围内对平价进行调整，或者主张不要固定平价（即“浮动”汇率）。有人反对偶尔在国际货币基金组织章程的范围内使用“可调节的栓子”，就是说，反对只有在进行一次调整（上调或下调）是恰当的这一点已变得清晰可见之后才使用“可调节的栓子”。其理由是：聪明的金融顾问会高瞻远瞩，在政府当局经过严肃考虑做出改变平价的决定之前就掀起一次很大规模的国际的资金流动。所造成的国际的资金流动，就像第九章所描述的，规模浩大，而且各中央银行之间准备用来抵消这些资金流动的非常之大的相互支援（“互惠信贷”），却常常不足以防止那种资金流动，这种流动竟使得一些国家甚至在它们认为调整币值并不适宜的时候也非调整币值不可。

有人提出应该更加经常地使用国际货币基金组织章程所许可的“可调节的栓子”，使得大规模的国际的资金流动来不及抢在即

将调整之前出现。这或许是正确的。但是，有相反的观点，即如果政策就是要更加经常地改变平价这一点已成为一种习惯，而且谁都知道这一点，因为它势必如此，那么，有着国际利益的公司的顾问们，便会把可能要改变国际收支的小事情当作劝告他们公司去转移资金的理由。在那种情况下，既然已确定汇兑平价定要经常变动，那么，由于这种资金转移所造成的麻烦，就不会比在人们设想的平价变动次数更少些的情况下要小了。如果对这种事情可以进行经济计量的分析的话（虽然在21世纪也许是可能的，但在目前当然完全无法做到），那么，在各次货币值调整之间平均地确定出最适宜的间隔时期，以便把跨国公司的资金在各国之间抢先流动所造成的压力减少到最低限度，这种做法可能是行得通的。

在经济理论家中间，虽然不是在那些从事实际工作的人当中，近来下面这种观点已占上风：不要搞固定的官方平价，业务中的汇率当由市场力量去支配。这种观点有其吸引力。反对它的观点是：汇率的波动，由于它引起的不确定性，将会成为阻碍国际贸易最适度流量的一个障碍。它又遭到反驳说，这些不确定性是可以靠发挥“远期”外汇的作用来加以消除的。但情况并非如此。在目前远期外汇市场提供的保证大约未超过六个月。这个时期到时候可能延长，但是局外人无法知道究竟有多快。同时，毫无疑问，许多有关贸易的决定，取决于经历了更长时期酝酿的各种考虑。在许多情况下，实际的交货合同持续时期达两三年之久。而在海外推进贸易和进行投资的计划，则可能需时更长。这些观点，肯定与不确定汇率的计划相反。

“浮动”汇率计划，分成“有管理的”浮动汇率或者自由浮动汇率。自由浮动汇率，会引起巨大震荡，因而对商人特别不便。为了把国际贸易维持在一个合理水平上，对汇率实行某种“管理”，不仅是很合乎需要的，而且按现实情况说，也是不可避免的。“肮脏的浮动”这个说法，近来已被应用到 1971 年 8 月 15 日以后混乱时期的管理的浮动头上。这和官方想确保实现关于未来重新固定平价的某些战略目的的意图是有关系的。这和那些在没有重新确立固定汇率的前景或意图的浮动汇率制度下所必不可少的干预（“管理”），是完全不同的。

除了少数国家（如加拿大）以及像拉美那些陷入过度的国内通货膨胀和对外货币贬值的国家以外，在推行浮动汇率的实践经验方面的唯一主要例子，乃是在 1931 年至 1939 年（也许 1936 年）期间和金本位国家（其间美国最为重要）相对峙的英镑区的经验。“浮动”曾是由英格兰银行严加管理，而美国则实际上执行了一项“良性的忽略”（使用比较新近的说法）的政策。它们实际上并没有提到过这个“浮动”，虽然它们在 30 年代本来能够做到这点而且对它们自己的损害也比 1970 年为小，因为它们当时拥有大量黄金储备。因而，英格兰银行实际上对浮动的汇率施加了管理，把由于季节因素以及由于来自其他主要国家的外逃资本临时大量进出所引起的这两种波动熨平了。

在一个复合的管理浮动汇率制度下，每天都需要取得一致意见，这在技术上会有困难。最近我听说由于有国际电信系统，这样做在技术上并没有困难；不同的各个方面在几分钟时间内就能够彼此确定好相互的汇率应是多少，以便避免不规则的套汇率。从纯粹技术上来看，这的确是毫无疑问的。但管理上有着更高级的政策问题。例如,英国人可能认为,目前应该允许对英镑的压力发挥它的威力,因为这个压力并不是由于暂时性因素和可逆的因素所造成的;而美国人在同一时间则可能持相反意见,从而认为在这种情况下让英镑贬值是不友善的和破坏性的。同时,法国人和德国人等在这个问题上可能既对英镑也对他们各自的货币对美元的汇率都有不同的看法。这类事情,不可能每天早上靠外汇技术经纪人来决定,需要由政府权力集团中的高级人士来达成一致意见,这些高级人士每天一早都有一大堆紧要的报告摆在办公桌上。那种以为每天早上各重要国家的这些高级人士之间取得一致意见大概不成问题的观点,和实际情况相去极远。

仅就外汇技术经纪人这一级的人来讲,问题也并不如此简单。我想起若干年前有位相当精通这些业务的人说,在汇率浮动几周之后,汇率经纪人就会彼此进行多边联系,说"看在上天面上,让我们商定一下按什么汇率来经营吧",并且愉快地达成了协议。因此,当时实际上是由低级经纪人确定了固定汇率,那时大概根本没有什么浮动汇率,只算有一种可调节的木栓制度。

关于使用可伸缩的汇率以克服不平衡问题的这种治疗法,却有一个更为深刻的问题,即供求的弹性可能既不足以使贬值引起情况改善,也不足以使比价上涨来减少顺差。最近的经验表明,依靠调整币值的办法并不总是能按照心目中的方向来改变贸易差。像 J. E. 米德教授那样的著名经济学家们都断言,虽然不能依靠短期变动使贸易差朝适宜方向进行,但长期变动却有这种可能性。这也许是真的。然而,它包含有这个意思:如果在可伸缩的汇率制度下,政策要以汇率的变动为转移,那么,那些国家就必须要有较大量的储备，以便顺利度过汇率的变动尚未能发挥出所需要的效果的间歇期间。

我深信，实行管理的浮动汇率制度比实行固定汇率制度需要有更多的储备。这肯定是英国在1925—1939年时期的经验。当英国于1931年9月从固定汇率制过渡到管理的浮动汇率制的时候，储备的使用以及使用它们的需要，实际上都比固定汇率制时期要大得多。这种情形，和人们广泛持有的观点，即不仅是和象牙塔里的理论家们而且和各界人士广泛持有的观点，都直接相矛盾。当人们焦急地讨论如何使得世界储备能按照需要进行扩张的问题时，他们争辩说："为什么不改而实行浮动汇率的办法，从而让这个储备问题消失掉了呢?"实际情况刚好相反。

那些住在极其高耸的象牙塔里的人，要求实行不加管理的浮动汇率，他们争辩说这样便可能不需要有储备，并且这在理论上是正确的。但是，他们并没有得到那些不住在象牙塔里的人们的支持，这些人正确地争辩说，不加管理的浮动汇率制度并不是一种可以行得通的新制度，因为它会给国际贸易和国际资本的正常流量设下许许多多的障碍。

最后，还有一个问题，那就是当往来账户由于受各种对它起作用的力量的影响而失去平衡的时候，我们是否应该把国际资本流动看作是用来起平衡作用的项目；对往来账户起作用的各种力量合起来，可能使得它随着时间的推移而越来越失去平衡。

照我看来，应该对国际资本流量施加限制(抑或必要时还特别加以鼓励)，使资本流量处于最适宜状态。这个问题在第九章里讨论过了。往来账户中的不平衡，不论是在增大抑或降减，都显然与这个问题有关。但是,不应该把它看作是确立最适宜的国际资本流量的一个先验准则,也不应该把它看作是决定政府对实际国际资本流量应实行什么干预措施的一项先验准则。

如果由自由贸易条件下的日常收支和最适宜的资本流量所组成的总基本收支是不相等的,那么,便必然需要有某种进一步的干预。确保实现一种收支相等,这是每个国家的责任。那种认为一个国家,即使是像美国这样世界上最重要的国家,也应该以“良性的忽略”的态度来看待这个问题,而让其他国家去收拾混乱局面的观点,是不能够接受的。因此,往来账户项目和最适宜的长期资本流动的总和,如果达不到收支相等,则除确保为实行最适宜的资本流动所需要的措施外,还需要有某种进一步的干预。

至于这种补充的干预,究竟应该针对着贸易方面(抑或其他往来账项目),还是应该针对着资本留动方面,这是一个没有解决的问题。那种认为对资本的干预先验地应该比任何对贸易的干预更为优先采用的观点,并没有理由。这种观点的广为流行,乃是思想混乱的例子,可惜这种情况在仍继续存在着的应用经济学的思想中并非不是典型的。如果真的靠最小限度的干预就满有希望地能够确保获得最适宜的贸易流量,而最适宜的资本流量则通常若没有重大干预就不能确保获得的话,那也不能由此得出结论说:如果为了确保获得对外收支相等而必须进行干预的话,人们就应该首先想到对资本流动进行干预。“国际资本流动,是人们通常进行干预并且也应该进行干预的东西;贸易则不是。所以,如果发生了总基本收支的差额,便要对资本进行干预。”还会有什么比这更加头脑混乱的吗?为了得到最适宜的往来账户的流量通常都比为了得到最适宜的资本流量需要更少的干预，这个实际情况无论如何也不能使人们有理由去假设：如果这两个流量的联合效应产生出总基本收支差额的话，便有根据去推定与其干预贸易流量不如干预资本流量。必须按照事情的利弊来考虑问题。如果最适宜的贸易流量和最适宜的资本流量的联合效应，不幸确保不了收支相等的话，那么就必须对这个或那个最适宜量施加某种干预。没有哪一个国家应当像1957—1971年时期的美国那样，以“良性忽略”的态度来看待总收支的不相等。那种认为两种差额的联合效果将会自动地获得总的收支相等的想法，是属于一种过时了的经济理论。

因此，问题是：对于人们的幸福来说，究竟是干预贸易（以及其他往来账户项目）还是干预资本，弊病会更少些。如果发生了x百万英镑的差额，人们就必须估量一下为了纠正这种情况需要进行多大的干预，或者更精确地讲，从动态看，人们必须考虑究竟x是在增大抑或在缩减。如果它在缩减，那么照规矩对往来账户或资本账户的最适宜状态是不加干预的。这就必须要以拥有巨额国际通货储备可供利用为先决条件，以便在由收支不平衡移到收支平衡的时期（它显然应该按年数计）内弥补逆差。但是，如果这两个最适宜状态的趋势是朝着另一个方面，即趋向于扩大差额，那么，就一定要面临着对这两个最适宜状态（贸易流量的和资本流量的）进行干预的必要。

我自己的感觉是，由于国际自由贸易的边际利得的损失所造成的福利的损失，可能比由于偏离最适宜的资本流量所造成的损失要来得小些。麻烦的是确立国际贸易的最适宜水平（大体是自由贸易水平），要比确立最适宜的国际资本流量容易得多。所以目前流行的格言是:如果你必须对两种最适宜规模中任一种加以干预的话,那么与其干预贸易,不如干预资本的流动。我们是根据概率光谱来对某种行动过程可能引起的损失进行估计的。必须把光谱上面最可能的点,跟伞形(概率光谱)在每一边张开的范围结合起来考虑。如果情况是,贸易偏离其最适宜状态的伞形要比那个覆盖资本流动的伞形更狭小些,那么,便有根据推定:为了改善 x 英镑对外收支差额而需要的那类对贸易的干预,可能要比诸如对资本流动进行的那类干预(按最好的估计,它可能用 x 英镑来改善基本收支),更为有害。

这里所假设的是:关于对资本流动的干预的概率光谱,是一个要比关于对贸易的干预的概率光谱更为广阔的张开的伞形。情况可能会是这样。但人们希望的是,通过科学研究和计划工作,将减少资本流动的伞形范围。即使它目前就大多数情况讲是如此,但也得不出结论说:应该认为,对资本流动的干预比起对贸易的干预来有一种先验的理由。无论伞形如何张开,由于对最适宜的资本流量进行干预而引起的大多数可能有的损失,也许要比对足以达到数量是相等效果的贸易流量进行干预所引起的损失大得多。这个问题只能靠对实际经验的研究来解答。经济理论还没有提供理由说明,在引起国际收支发生等量变化的情况下,对国际资本流量进行干预要比对贸易流量进行干预,更少有损于福利。在美国遭到对外收支(1957 年)的困难之后,肯尼迪总统和约翰逊总统把重点放在减少资本外流上;在那种情况下这样做可能是十分正确的。但后来尼克松总统的措施(1971 年 8 月 15 日)却更多地着重减少输入;这个做法遭到世界范围的批评,但是,从世界福利的角度来看，这可能要比对资本流量进行任何进一步干预要好得多。不错，从这个角度来看，美国资本的外流（参见第九章）固然可能是过量了；但是，为了纠正美国对外收支上长期持续的逆差，在 1971 年究竟应该采取什么样的正确措施，关于这个问题，并没有说出什么道理来。

我以概述一下从任何观点看在今后这几年里经济学家们应有的议事日程来作为本书的结束。首先，我们需要有大家公认的一套关于动态经济学的基本公理，相当于由马歇尔和帕累托在微观—静态经济学领域所制定的，并且由不完全竞争理论做了重大修改的那些公理的标准。第二，我们需要有大家公认的由上述公理所产生的供各个国家制定经济政策使用的原理。这些国家就拟订各种措施的理由所做的官方说明，通常和现代动态经济学完全不符合。最后，我们需要确立与动态理论及其实际运用有关的方法，来对当前事态的发展趋势进行估计。迄今为止，最高当局就政策的理由所提出的说明，看来似乎都非常不充分。

我不愿用一种悲观的调子来作为结束。我的意见是：经济学，无论是理论经济学还是应用经济学，如同那些负责制定政策的人所了解的，自 1945 年以来已有了巨大的进展，并且从那时以来已对人类的福利做出了许多贡献。

图书在版编目(CIP)数据

动态经济学/(英)罗伊·哈罗德著;黄范章译.—北京:商务印书馆,2017
(汉译世界学术名著丛书:120年纪念版:珍藏本)
ISBN 978-7-100-14162-8

Ⅰ.①动… Ⅱ.①罗… ②黄… Ⅲ.①动态经济学 Ⅳ.①F019.2

中国版本图书馆CIP数据核字(2017)第137973号

汉译世界学术名著丛书
(120年纪念版·珍藏本)
动态经济学
〔英〕罗伊·哈罗德 著
黄范章 译

商 务 印 书 馆 出 版
(北京王府井大街36号 邮政编码100710)
商 务 印 书 馆 发 行
南京爱德印刷有限公司印刷
ISBN 978-7-100-14162-8

2017年12月第1版 开本710×1000 1/16
2017年12月第1次印刷 印张15½
定价:75.00元